CINE DE MONSTRUOS

CINE DE MONSTRUOS

P. Agustí

Parece mentira, tan grandullones y todavía no han aprendi-
do a caminar sin aplastar con sus patas a los infelices humanos.
Detrás de ellos siempre quedan aldeas devastadas, niños huér-
fanos, edificios en llamas y muchas lágrimas, además de la
seguridad de que ese engendro volverá pronto para continuar su
aniquiladora misión. En ocasiones su altura supera al mayor de
los edificios, y así ni siquiera las armas de nuestros ejércitos son
capaces de detenerles, aunque con frecuencia el monstruo es tan
pequeño que apenas podemos alcanzarle, como cuando nos ata-
can arañas o pájaros asesinos. Sin embargo, en la historia del
terror hay unos dignos representantes cuya apariencia ha sido
suficiente para producir miedo, y nos estamos refiriendo a esos
animales prehistóricos que científicos inconscientes han traído
de nuevo hasta nosotros procedentes de tiempos remotos. Y es
que los dinosaurios son tan enormes que pueden poner sus patas
en cualquier azotea, aunque también hay gorilas que podrían
acoger simultáneamente a un tanque y a una bella mujer.
Afortunadamente, la mayoría de esos monstruos no son
capaces de salir de la pantalla, con lo cual no vemos necesario
mirar con recelo las esquinas oscuras, ni otear el horizonte para
descubrir cuanto antes a ese dragón que empieza a vomitar
fuego hacia nosotros. Ese alivio lo perdemos cuando nos mete-
mos por vez primera en una playa desierta, aparentemente tran-
quila, pero en cuyas aguas seguro que acecha un tiburón ham-
briento deseoso de morder a la guapa bañista desnuda. El pro-
blema es que aunque nos aseguren que los grandes monstruos
son cosa del pasado o de la imaginación de los escritores, no
estamos tranquilos y por si acaso ya tenemos en nuestra mente
cuál sería el refugio adecuado para escondernos hasta que
alguien venga a salvarnos.

GODZILLA

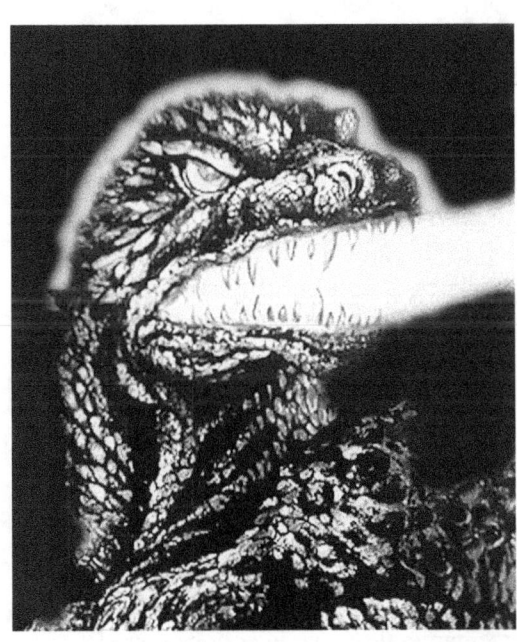

Este monstruo prehistórico, adelantado a su tiempo en el mundo cinematográfico, fue diseñado sin demasiado entusiasmo por sus creadores y estaba pensado más que nada como una metáfora del enemigo norteamericano, aquel que fue capaz de lanzarles dos bombas atómicas.

La historia del primer Godzilla nació en marzo de 1954 de la mano de la Toho International, aunque con la colaboración de expertos indonesios. Un mes más tarde, la idea original llega a Tomoyuki Tanaka, productor ejecutivo de la Toho, quien estaba impresionado por el éxito cinematográfico de *El monstruo de tiempos remotos*

(The Beast From 20.000 Fathoms), tanto en su país como en el resto del mundo. Admirador de los efectos especiales del genial Ray Harryhausen, pensó que esa manera de manejar efectos especiales con un corto presupuesto podía funcionar igualmente en Japón.

Con las ideas bien definidas, presentó ante los dirigentes de la Toho el argumento de una historia que se titularía "El gran monstruo venido de 20.000 leguas marinas". Su idea es aprobada y junto a Eiji Tsuburaya experto en efectos especiales y maquetas comienzan la producción.

Eiji Tsuburaya

Nacido en el Japón en 1901, y licenciado en ingeniería, se introdujo en 1919 en el cine como operador en los estudios NipponTennesyokuKatsudo, perfeccionándose como especialista en efectos especiales, una técnica totalmente nueva en aquel entonces.

Una vez finalizada la Primera Guerra Mundial, donde ejerció de corresponsal de guerra, se pasó a la Ogasawara Productions como jefe de operadores. En 1950 entra ya en la Toho en el departamento de efectos especiales, cargo en el que continúa hasta 1969, aunque ya en 1963 tenía su propio laboratorio independiente de efectos, muriendo en 1970 a la edad de 68 años.

Tsuburaya había visto en el año 1930 la película americana *King Kong* con unos efectos especiales loables de Willis O'Brien y decide construir un monstruo similar, pero a la japonesa, y lo presenta a su compañía cinematográfica. La producción comienza con el nombre de "G", algo así como la abreviatura de gigante, y con la colaboración de un escritor de ciencia-ficción, Shigeru Kayama, terminan el argumento el 2 de mayo de 1954. Alguien le habla de un actor gigante al que se le conoce con el sobrenombre de "Gojira" (fusión entre "Kujira" japonés y "Gorilla" inglés) y deciden dar ese nombre al recién nacido monstruo.

La película se inició definitivamente el 5 de julio de 1954, y aún no estaba decidido el aspecto que debería tener el gigante, aunque se habló de un pulpo enorme, de un reptil y hasta de un dinosaurio, todos en cientos de storyboards. No sería hasta la incorporación de Ishiro Honda (Inoshiro en inglés), en que todo quedó definido, tal y como luego contaremos.

INOSHIRO HONDA

Nació en Yamagata (Japón), en 1911, y aunque no sabemos mucho de su juventud, los pocos datos que disponemos nos hablan de que consiguió un diploma de Bellas Artes en la Universidad de Nippon, que era un apasionado de la fotografía y que su amor por el cine le llevó en 1933 a entrar casi como aprendiz en los estudios P.C.L., posteriormente transformados en la Toho.

Su primer film como realizador fue en 1950, derivándose a los argumentos dramáticos ambientados en la guerra, ya que su naturaleza sensible le inclinaba por mostrar las desventuras de su pueblo. Trabajador incansable colabora con técnicos de la talla de Yammamoto y Kurosawa, aguantando estar en la sombra sin problemas, pero dando todo lo que era capaz cuando se convierte en director.

Su carrera asciende poco a poco y entre 1938 y 1946 su talento empieza darle cierto renombre, aunque la guerra de su país le obliga a combatir en Manchuria y a su regreso es recibido como un héroe. Justo en ese momento el Japón es ya un próspero país y realiza junto a Kurosawa el film "Chien Enragé", y en 1951 su primer film como director titulado "La perla azul", al que siguen "El hombre que vino del Puerto" y "Los ángeles del Pacífico". Sin embargo, todos estos filmes han pasado al olvido ante la presencia de Godzilla. Sus últimos filmes fueron *Varan, the Unbelivable* (1958) y *Yog-Monster from Space* (1970).

11

LA CREACIÓN DEL MONSTRUO

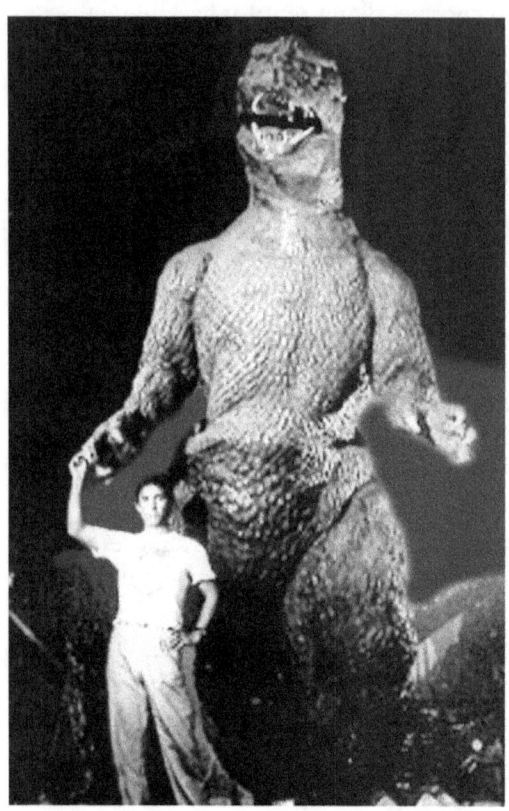

En 1954 la Toho abandona un proyecto en coproducción con Indonesia y decide incorporarse al género fantástico de tanto éxito en Estados Unidos y contacta con el productor Tomoyuki Tanaka, elaborando junto a Shigeru Kayama las bases para contar la historia de un monstruo que vive en las profundidades marinas.

Se inspiran en los storyboards de Iwao Mori y con la ayuda de Tsuburaya, el especialista en efectos especiales, se escoge como primer escenario un navío, después de apartar la idea de que sea un helicóptero el que contacte por primera vez con el monstruo. Godzilla, pues, emerge de las profundidades marinas ante los ojos aterrorizados de los navegantes, y sus primeras víctimas lo describen como un reptil prehistórico, mezcla entre un tiranosaurio rex y un allosaurio.

Sus creadores habían pensado en un principio que se pareciera a un tiranosaurio con cabeza gigante, pero después le fueron añadiendo detalles, como las protuberancias que llevan los cocodrilos en la espalda y una boca que expulsa fuego como los dragones mitológicos orientales.

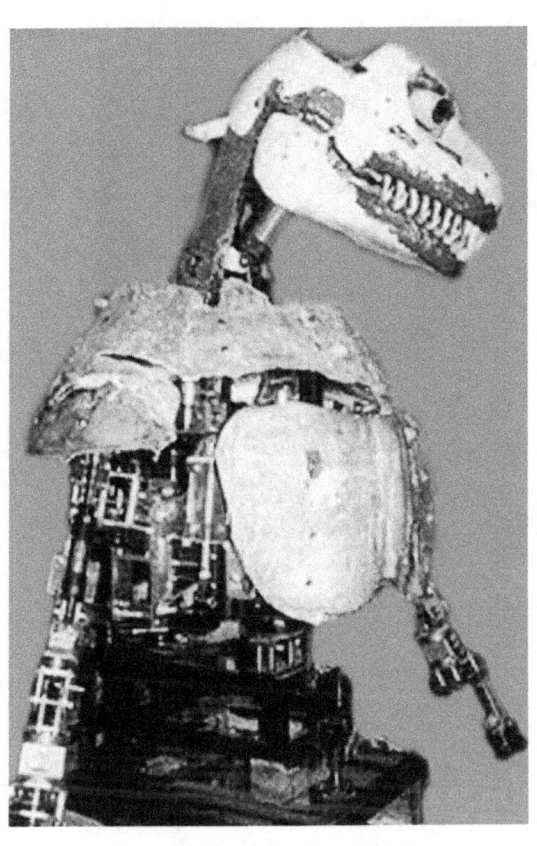

El plató se monta en Toba y Mie, y se establecen dos grupos bien diferenciados: el grupo A que se ocupa de los efectos especiales y el movimiento del monstruo, y el grupo B que se encarga del resto de las maquetas. El traje de Godzilla, que sería llevado sin protestar por un actor llamado Haruo Nakajima (a veces sustituido por Katsumi Rezuka), estaba construido de un material mezcla de plástico, látex y goma espuma, reforzado en su interior por un complejo entramado de cañas de bambú, cuerdas y cartones. Por supuesto, cada parte del cuerpo era independiente y se montaban con esmero sobre el actor cada día del rodaje. El color, un gris antracita fuerte, era el más adecuado para que su silueta se confundiera con el ambiente y no delatara los trucos de su interior.

Con un peso de 100 libras, los andares por fuerza tenían que ser majestuosos y obligó al actor a realizar un duro aprendizaje previo para no caerse en cada paso. Aun así, los accidentes durante el rodaje fueron abundantes y Nakajima sufrió varias deshidrataciones a causa del intenso calor que había dentro del traje. Perdió nada menos que diez kilos durante la filmación y aunque su sueldo siempre fue escaso, al menos si lo comparamos con el resto de los especialistas, el hecho de ser conocido como

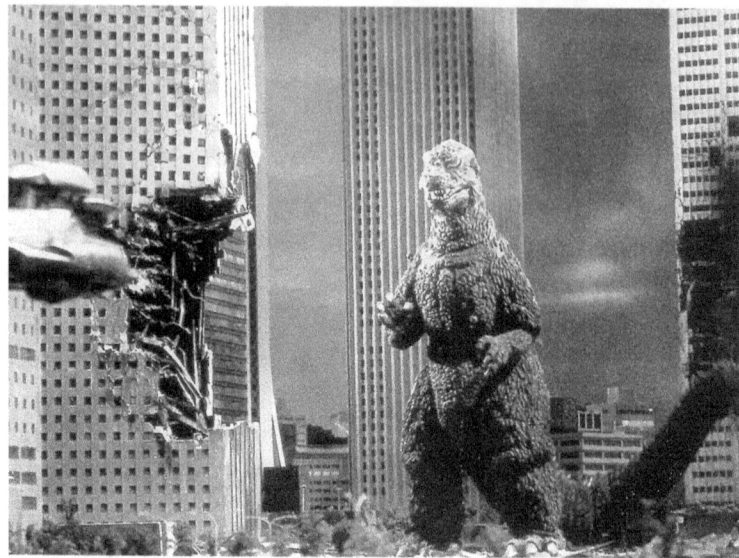

"el hombre que movía a Godzilla" le sirvió para seguir interpretando su papel en la mayoría de las secuelas. También, en los ratos en que no hacía de monstruo, intervenía como extra, bien de electricista, bien de señor que corre, y hasta de persona sorprendida en el water por el monstruo.

En otras escenas Godzilla era una pequeña maqueta animada según la vieja escuela de Harryhausen y también se contaba con una gran cabeza accionada por electricidad, la cual dejaba escapar por la boca su fuego radiactivo.

Mención especial son las impresionantes maquetas de edificios, trenes y bosques que animan todo el film, algunas de hasta dos metros de altura, las cuales serán destruidas sistemáticamente por el monstruo, eso sí, filmadas con la cámara lenta (o rápida, según se mire), para que la majestuosidad de Godzilla impresione a los espectadores. Las maquetas de Tokio se reconstruyeron con gran meticulosidad, ya que ningún habitante de la ciudad debía ver algo que no correspondiera a la realidad. Los decoradores Tadeo Kita y Satoshi Chuko reprodujeron el barrio de Ginza, un suburbio de Tokio, a escala 1:25.

El sonido de Godzilla también tuvo un trabajo extra y se emplearon sonidos de contrabajo con reverberación, a una octava inferior de lo normal, para los momentos en que expulsaba el fuego por la boca, y un gran tambor sirvió para simular las enormes pisadas y el retemblar del suelo. Y así, después de 122 días de intenso trabajo, Godzilla fue terminado. En pocos días, la película fue vista en el Japón por 10 millones de espectadores. Eso sucedía el 3 de noviembre de 1954.

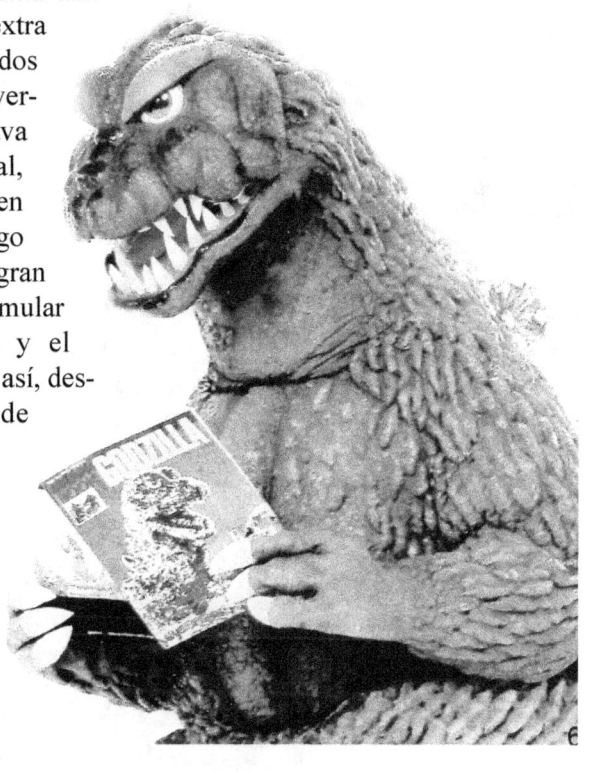

Casi dos años después, en abril de 1956, Godzilla se estrenó en los Estados Unidos con el título de "Godzilla, rey de los monstruos", pero como los americanos no estaban seguros del éxito añadieron escenas rodadas en América y metieron a los actores Raymond Burr (famoso por su papel como Perry Mason) y a Terry Moore en el argumento. La mezcla no estuvo nada mal hecha, ya que nadie se dio cuenta en su momento del truco y la verdad se supo algunos años después. Lo curioso del caso es que los actores americanos nunca llegaron a ver a Godzilla en persona durante el rodaje. Lo cierto es que Burr se convierte en el héroe del film, desplaza a los japoneses, especialmente a Akira Takarada, y hasta en los affiches figuran los americanos como las auténticas estrellas.

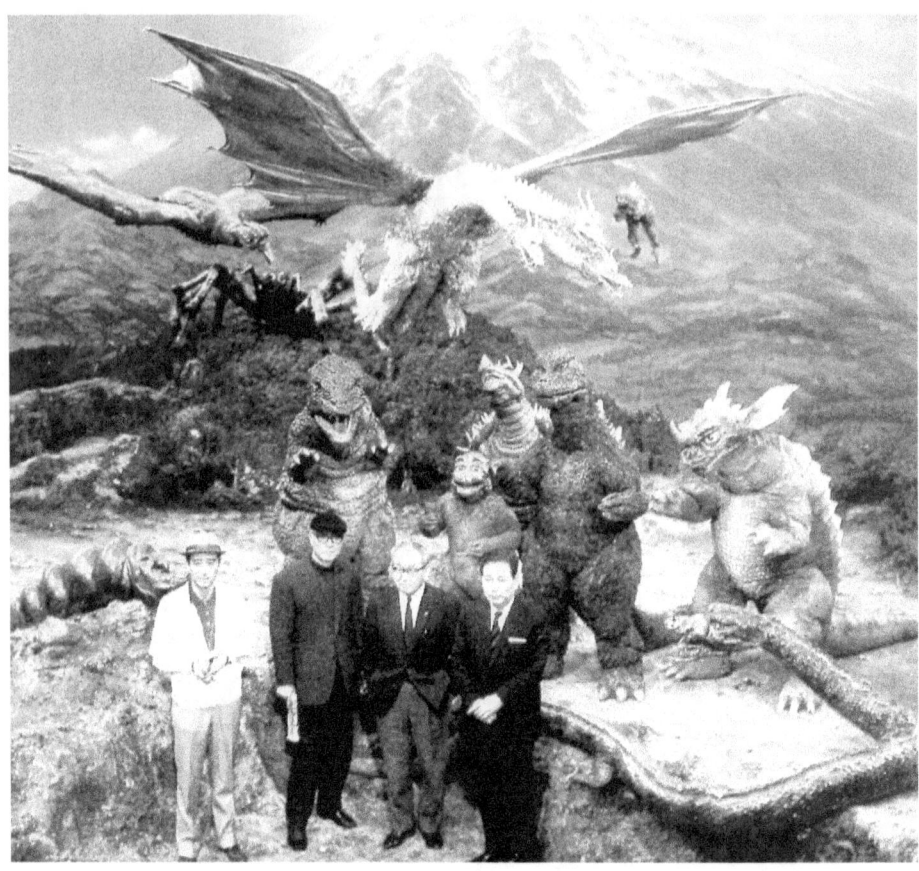

Pues bien, la película se estrena en 1957 en Italia y allí hacen nuevos cambios añadiendo escenas adicionales con el actor Luigi Cozzi y hasta le incorporan color (la película fue filmada en blanco y negro) fotograma a fotograma, lo mezclan con escenas de otros film parecidos, con algunos pasajes de la destrucción de Hiroshima y Nagasaki por la bomba atómica y aunque el resultado final es sumamente interesante, no fue suficientemente apreciado por el público. Las escenas de Tokio devastadas por el aliento ardiente del monstruo nuclear, su población machacada y quemada por la radiación, dejan pocas dudas en cuanto a la metáfora del argumento, pero occidente no opinaba igual.

Tras el enorme éxito comercial del filme de Honda, los responsables de la productora Toho tardaron poco más de cinco meses en estrenar una precipitada continuación, *Godzilla contraataca (El rey de los monstruos)*, pero incomprensiblemente se cambió al director por Motoyoshi Oda. Económicamente fue un nuevo éxito, aunque no nos aclaran cómo consiguieron resucitar a Godzilla, por lo que en Estados Unidos decidieron mencionarle como Gigantis, dándole como oponente a Anguilas, un extraño gigante cuadrúpedo acorazado.

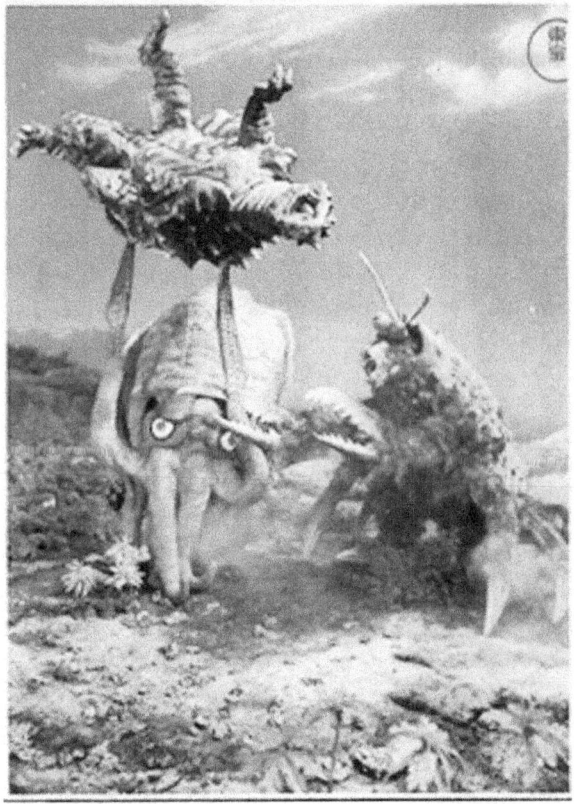

Después llegó *King Kong Vs. Godilla*, con nuevas escenas americanas sustituyendo a las japonesas y ahora el gigantesco

17

gorila será el encargado de frenar a Godzilla, continuando con *Godzilla contra los monstruos,* posiblemente la mejor de esta época, en donde asistimos a un duelo memorable contra Mothra Motora, prácticamente una polilla gigante.

La nueva época con diferentes efectos especiales se inició con *Ghidorah, el dragón de tres cabezas* de 1964, en la cual nos daban tres monstruos por el mismo precio, y ahora nuestro monstruo preferido se pone de parte de los hombres para detener a King Ghidorah, un temible dragón volador de tres cabezas surgido de un gigantesco meteorito que se ha estrellado en Japón. Como nota curiosa tenemos la aparición de Rodan, el pterodáctilo más emblemático del cine.

Después llegaría la colaboración con una productora estadounidense (Henry G. Saperstein Enterprises), de nuevo dirigida por Inoshiro Honda, siendo el filme más destacable *La batalla de los simios gigantes.* Pero algo no debió ir bien y en 1966 de nuevo los japoneses siguen en solitario, ahora en color y cinemascope, con la película *Los monstruos del mar,* en donde hay agentes secretos y una langosta gigante de nombre Ebirah que engulle todo lo que encuentra a su paso, hasta que Godzilla se enfrenta a ella con la ayuda de Motora.

Sin embargo, el primer gran patinazo fue en 1967 con *El hijo de Godzilla,* recortada en 22 minutos en la versión norteamericana y aunque finalmente el monstruo es congelado para satisfacción de los aficionados, alguien le proporcionó calor en otras películas y le revivió. Tal fue el desastre, al menos en prestigio, que en el siguiente guión participó el director Inoshiro Honda, pues la continuidad de la serie estaba ya en entredicho. El nuevo título era muy clarificante, *Invasión extraterrestre,* y para impresionar se reunieron la mayor concentración de monstruos de toda la historia, nada menos que Godzilla, Minya, Mothra, Rodan, Anguilas, Spiega, Varan, Baragon, Gorosaurus y Manda. Indudablemente consiguieron su objetivo económico, volviendo a ser Tokio el centro de operaciones, con lo cual quedó nuevamente arrasado.

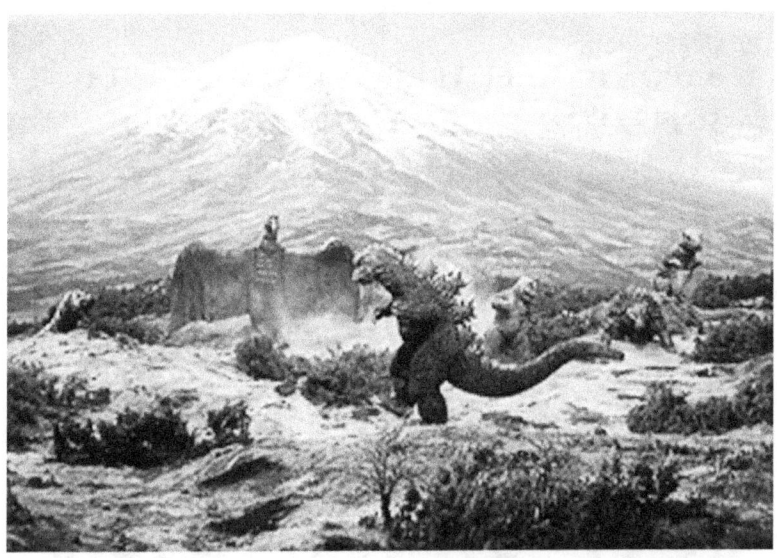

Pero como ya sabemos que el hombre es el único animal que tropieza dos veces en la misma piedra, en 1960 sacaron de nuevo al infame Minya en *La isla de los monstruos* y, por si fuera poco, el segundo protagonista es un niño, con lo cual los adultos tuvieron que salir de la sala para ver una película adecuada a su edad.

Y así, una vez que Inoshiro Honda abandonó la dirección y fallecido el experto en efectos especiales Eiji Tsuburaya, las diferentes secuelas no consiguieron aportar ninguna novedad, recordando como muestra *Galien, el monstruo de las galaxias ataca la Tierra,* y *Gorgo y Superman se citan en Tokio.* Por ello, de nuevo es llamado Honda para dirigir las siguientes películas, entre ellas *El contraataque de Cibergodzilla,* pero ni siquiera así se consiguió repuntar al personaje, reapareciendo en 1984 con *Gojira,* un remake del filme original, dirigido por Kohji Hashimoto, finalizando esta etapa en 1993 con *Gojira tai Mekagojira.*

PELÍCULAS

JAPÓN BAJO EL TERROR DEL MONSTRUO
Gojira (1954)
98 minutos

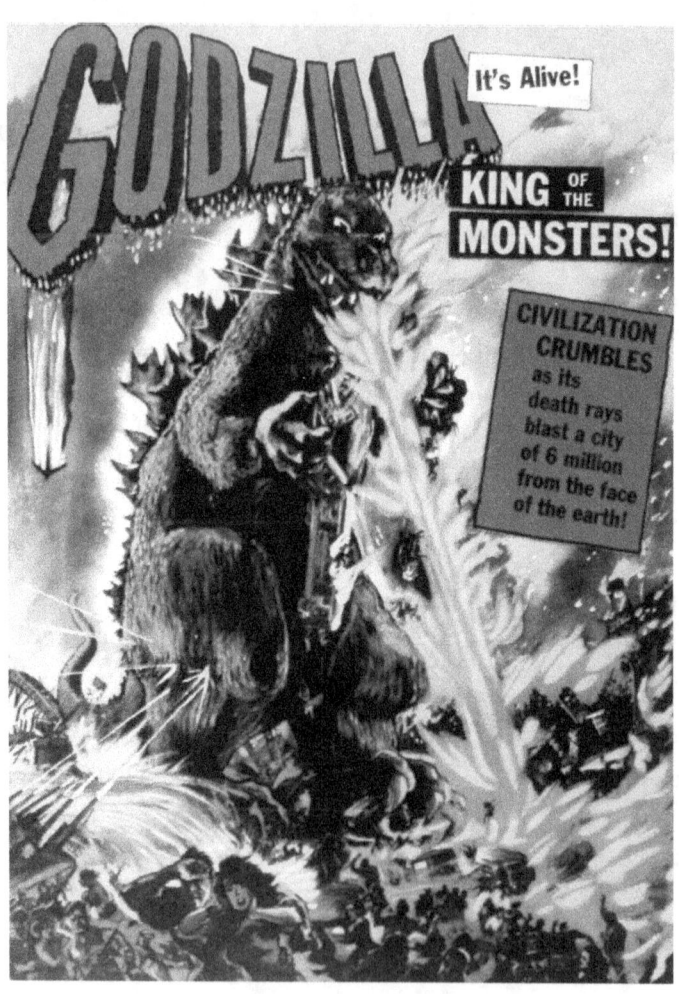

Director: Inoshiro Honda
Guión: Inoshiro Honda, Shigeru Kayama y
Takeo Murata
Música: Akira Ifukube
Fotografía: Masao Tamai
Efectos especiales: Eiji Tsuburaya

Intérpretes:
AKIRA TAKARADA: Oficial Hideto Ogata
MOMOKO KOCHI: Emiko Yamane
AKIHIKO HIRATA: Dr. Daisuke Serizawa
TAKASHI SHIMURA: Dr. Kyohei Yamane

GODZILLA, KING OF THE MONSTERS
81 minutos **(1955)** USA

Director: Terry Morse

Intérpretes:
RAYMOND BURR: Steve Martin
TERRY MOORE

El primer film de la serie es ya un clásico indiscutible, marcando una larguísima secuela de películas, aunque ninguna consiguió quitarle el protagonismo a la primera entrega. Antecesora de otros filmes similares, de los cuales destacamos *El mundo perdido* (The lost world, 1925), *King Kong* (King Kong, 1933), y por supuesto la obra de referencia *El monstruo de tiempos remotos* (The Beast from 20.000 Fathoms, 1953), pudo conseguir llegar a las pantallas de todo el mundo, lo que parecía casi imposible.

La crítica hacia el armamento nuclear, y la incorporación de actores enfundados dentro de la piel del monstruo, consiguieron oponerse a la tendencia de las trasparencias, en donde siempre hay dos películas simultáneas, una delante de la otra, además de la animación stop motion o fotograma a fotograma.

El guión de Takeo Murata logra aportar la adecuada seriedad, lo que no es extraño al tratarse de un escritor experimentado en la literatura de ciencia-ficción, aunque también participaron Honda, el director de efectos especiales Eiji Tsuburaya y el productor Tomoyuki Tanaka. La idea aceptada por todos fue la de mostrar a un monstruo mutante generado por la radiación atómica, algo así como una mezcla entre un dinosaurio y un reptil.

El nombre de Gojira podría ser la unión entre *gorila* y *kijura*, pero puesto que este último vocablo significa ballena, quizá se pretendió justificar la posibilidad del monstruo para permanecer largas horas en el fondo del mar. La ventaja de esta fusión corpórea, más la acción de la radioactividad, le proporcionaban una gran resistencia a las balas, en ocasiones a las bombas, y un aliento de fuego que le permitía arrasar a distancia.

Del mismo modo que Nueva York ha sido la ciudad norteamericana elegida infinidad de veces para ser asolada por monstruos y bestias venidas de otros mundos, los japoneses pensaron que Tokio podía ser igualmente idónea para ello, más que nada porque era fácilmente reconocible. Pero el primer ataque se haría desear, ya que antes hemos tenido que intuir su presencia entre sombras y agua, y solamente después de 45 minutos el gran monstruo ocupa toda la pantalla. Da igual, porque el pánico entre los espectadores ya había sido creado y aunque se hubiera paseado por un campo de amapolas habría sido suficiente. Por eso, cuando la ciudad de Tokio es pisoteada una y otra vez por Godzilla, sin que unos pocos tanques y aviones logren frenarle, sentimos pena por esas gentes que hasta ayer mismo vivían tranquilas y hasta tenían romances. Este drama de los japoneses parece sacado de una película de guerra, con los hospitales llenos de heridos, la oscuridad que impide ponerse a salvo, y los infelices que acaban siendo masacrados por un ser al que hasta entonces nadie conocía.

El presupuesto para este proyecto en el que pocos confiaban, fue de 60 millones de yens (aproximadamente 900.000 dólares), bastante más que en el filme de referencia *El monstruo de tiempos remotos* (poco más de 200.000 dólares), pero la recaudación en taquilla, con cerca de 10 millones de dólares (solamente en el Japón) provocó un suspiro de alivio en la productora.

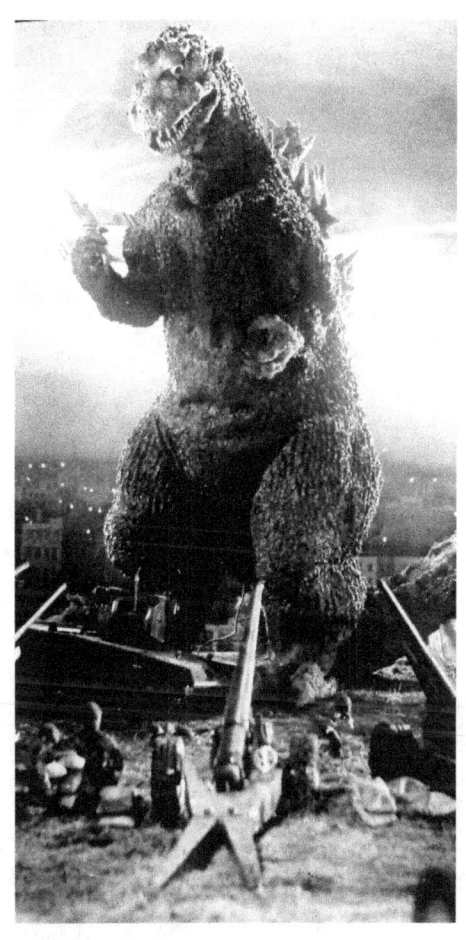

Pero lo mejor ocurrió después, ya que hasta entonces el cine japonés era casi una anécdota para occidente, mucho más con una cinta que seguía fiel al blanco y negro. Avalada por el éxito enorme en Japón, "Gojira" fue adquirida por los distribuidores estadounidenses, pero con algunas condicionantes: había que cambiarle el título e introducir algunos actores norteamericanos. Esto puede parecer humillante hoy en día, pero antes no lo era, y los estudios Toho aceptaron esta simbiosis y se sustituyeron algunas escenas dramáticas aparentemente poco importantes, por otras con el actor Raymond Burr, quien hacía el papel de un bravo reportero. Y de nuevo la sorpresa fue total, ya que este Godzilla, retitulado como "El rey de los monstruos", alcanzó gran renombre mundial, comenzando así una próspera industria y un género cinematográfico.

Lo curioso del fenómeno Godzilla, es que aunque las películas que le precedieron no tuvieron el mismo éxito y poco a poco hubo un lento declinar de este icono, se estrenaron nada menos que 27 secuelas, aunque en algunas el monstruo cambia su fisonomía, mostrándose poco a poco como amigo de los humanos (paradojas del cine), aunque muy poco amigable con los ejércitos. También combate nada menos que al emblemático monstruo norteamericano King Kong, a quien sacude a placer en un par de ocasiones, e incluso se convierte en defensor de la Tierra cuando es invadida por extraterrestres belicosos. Estas películas son conocidas en Japón como "Eiga del daikaiju", algo así como

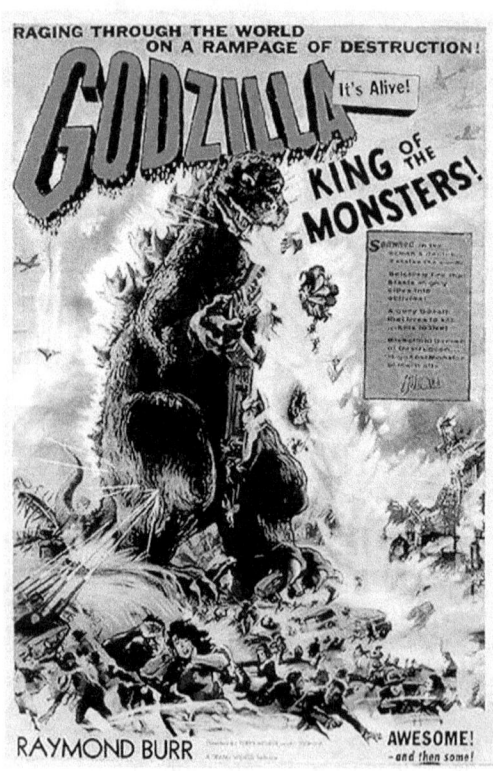

"Películas de monstruos gigantes", siendo los más importantes Gamera, Rodan y King Ghidorah. El asunto es que había que seguir entusiasmando al público, pero las nuevas criaturas debían inspirar el mismo miedo y respeto, destacando especialmente ese pterodáctilo llamado Rodan, quien protagonizó su primera película bajo el título de *Los hijos del volcán*. El filme, rodado en technicolor, casi consiguió superar al éxito del primer Godzilla, pero los productores decidieron matarle en su primera aventura y se quedaron sin su nueva mascota, aunque le pudimos ver en grupo.

Luego, con la mezcla de tantos monstruos, y el argumento casi infantil, la popularidad disminuyó, aunque aumentaron las risas entre los espectadores más jóvenes, un público agradecido que continuó siendo fiel a esta larga saga de criaturas increíbles.

24

Estos monstruos aparecían de improviso y desde los primeros minutos se dedicaban a empujarse, pisarse y agarrarse por la cola, con lo cual la diversión estaba asegurada durante 90 minutos. Esta es la causa por la cual las películas de Godzilla no están enlazadas unas con otras, y ni siquiera el monstruo original es el mismo en las pretendidas versiones auténticas. Un ejemplo es esa versión norteamericana de 1998, con la bestia corriendo como un dinosaurio y sin ningún parecido con el primitivo, siendo capaz de engendrar cientos de criaturas, tal y como el monstruo de Alien realizó desde la segunda entrega.

Sin embargo, no echemos toda la culpa a esta película americana, pues los japoneses ya se habían encargado años antes de desmitificar al invento, especialmente cuando se incorporó a Minya, el hijo de Godzilla, un muñeco que arruinó cualquier buen intento de continuar con honores la saga, siendo ampliamente criticado por todos. Entre este retoño y la lucha contra Gigan, un cyborg enviado –asómbrense- por cucarachas malvadas para conquistar la Tierra, la cuesta abajo en popularidad fue meteórica. Por si fuera poco, incorporaron a Ghidorah, ese dragón de tres cabezas sacado de las fábulas infantiles, y a Hedorah, un monstruo envuelto en la niebla, quien al menos desaparecía de vez en cuando. Con ellos, el mito quedó irreconocible.

Entre tanto desatino solamente una cosa se conservaba: Tokio seguía siendo el lugar escogido por los monstruos para pelear y hacer su carnicería particular. Afortunadamente los especialistas en efectos especiales lo recomponían con rapidez, y antes de que llegase la nueva ornada ya lo tenía levantado y bien limpio. Pero alguien dijo eso de ¡ya está bien! y un día buscaron lugares más exóticos, llevando los bártulos hasta pequeños pueblos o islas abandonadas, aunque no era lo mismo. El público que aún seguía interesado en ver a su entrañable bicho gigante quería verle destruyendo los rascacielos y pisoteando a los trenes.

Esa fue la razón para que en 1984, con el filón ya prácticamente extinguido, hicieran una nueva película, más seria, pero tan aburrida que no hubo manera de aplaudir. O a lo mejor es que

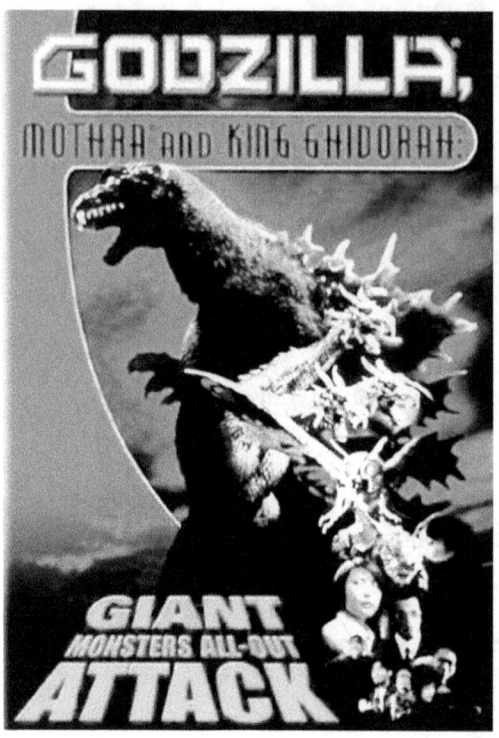

ya nadie se sentía interesado por las radiaciones atómicas, ni por un monstruo que albergaba en su interior a un actor sudando gotas de tinta. No obstante, y puesto que la industria cinematográfica japonesa no acababa de despegar, los productores insistieron y en los años 90 sacaron "Godzilla contra Biollante", "Godzilla contra King Ghidorah", "Godzilla contra Mothra", "Godzilla contra Mechagodzilla 2" y "Godzilla contra el Godzilla del espacio", todas desconocidas para nosotros los europeos.

Ahora, con el milagro del DVD, se han vuelto a editar (al menos para la zona 1) y quienes las han visto aseguran que todo estaba muy bien hecho (dentro de un orden), con buenos efectos, trajes y maquetas, y hasta disponían de un guión, lo que ya fue un acierto. Aun así, el fracaso rondaba cada intento, así que como ellos están acostumbrados a morir con honor decidieron matar a su ídolo, tal y como habían hecho los dibujantes del cómic con Superman. El funeral tuvo lugar en 1995, y la productora Toho mató a su héroe en "Godzilla contra Destoroyah", unos pocos años antes de que lo resucitaran los norteamericanos, quienes al menos consiguieron que las nuevas generaciones sintieran interés por ese gran bicho con patas y cola.

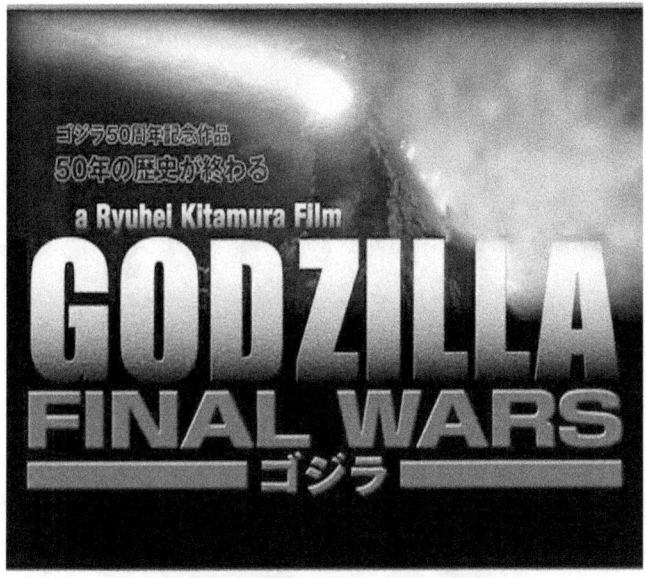

Bien, la película tuvo malas críticas, malísimas, pero recaudó el suficiente dinero como para intentarlo de nuevo, así que la productora Toho le recuperó en su *Godzilla 2000*, aunque ninguna distribuidora en occidente estuvo interesada en que llegase a nuestras pantallas, exhibiéndose en televisión. Finalmente, y como todos sabemos que los japoneses son muy tozudos con sus tradiciones, he aquí que ya tienen finalizada la que ellos consideran su definitiva y última película sobre Godzilla. Se titula *Godzilla: Final Wars,* y para que nadie se enfade destruirá Nueva York, París, Shangai y Sydney, aunque Tokio la dejarán tranquila, que ya está bien. Está dirigida por Ryuhei Kitamura y tendremos 110 minutos para disfrutar.

MONSTRUOS EMPARENTADOS

Esta lista, escrita sin ningún orden en particular, incluye a los monstruos de todas las épocas de Godzilla, los buenos y los malos, los conocidos y los olvidados, y los insólitos. Aunque no

27

está completa, se han incorporado todos los monstruos que algún día volverán a las pantallas, como ocurre con Gigan.

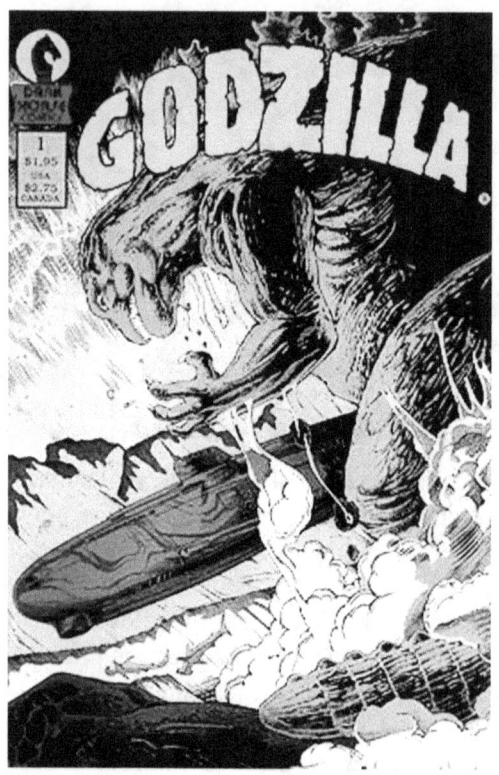

GIGAN (Galien)

Se trata de un cyborg, similar a un pajarito, un extraterrestre biomecánico, acorazado y con un solo ojo, que dispone en el pecho de una terrible sierra. Le vimos en *Godzilla vs. Gigan* (1972) y *Godzilla vs. Megalon* (1973), así como en *Godzilla vs. King Ghidorah, Gorgo y Superman se citan en Tokio, Galien, el monstruo de las galaxias ataca la Tierra* y en la serie de televisión "Zonefighter"que se mostró en Japón durante los años 70.

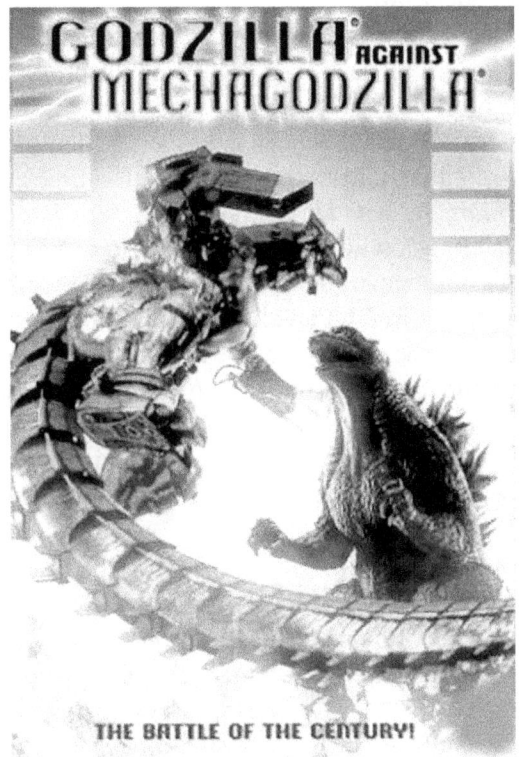

CIBERGODZILLA (Mechagodzilla)

Se trata de un robot con aspecto de Godzilla al que se le conoce igualmente como Cosmic Monster, y que ha sido visto en *Cibergodzilla máquina de destrucción* (1974), *Terror of Mechagodzilla* (1975) y *Gojira Tai Mekagojira* (1993).

EBIRAH

¿Una gamba? ¿Una langosta? ¿O un poco de ambos? Lo que sea, pero siempre de grandes proporciones. Ebirah apareció al final de la época dorada de Godzilla en el filme *Godzilla vs. el Monstruo del Mar (1966)*. También le vimos en la película *Godzilla's Revenge* (1969), y para muchos es uno de los monstruos favoritos.

29

RODAN *(Radon)*

Indiscutiblemente, y a pesar de su corta existencia, es el mejor de todos los bichos, y eso que no miraba profundamente y su rugido (por considerarlo de algún modo) era casi un lamento. Rodan apareció originalmente en la primera película en color de Toho, con el título americano de "Rodan" (1956), estrenada como *Los hijos del volcán*. En 1964, otro pterodáctilo gigante siguió asolando a los humanos en la serie *Ghidrah, the Three Headed Monster*, empezando como enemigo de Godzilla, aunque pronto se convirtió en un aliado junto a Mothra para luchar contra King Ghidorah. En este filme Rodan era uno de los mejores aliados de Godzilla y así continuó en el resto de la serie de Showa con *Los monstruos invaden la Tierra* e *Invasión extraterrestre*, quedando seriamente denigrada su figura. Reapareció con mayor fortuna en la serie Heisei en el episodio *Godzilla vs. Mechagodzilla II* (1993).

ANGUIRUS

Este saurio cuadrúpedo, con espinas por todo el cuerpo, además de poseedor de una fuerte coraza, apareció primero en *El rey de los monstruos* (1955), como un rival de Godzilla asociado al Némesis. Después se le pudo ver en *Invasión extraterrestre* (1968) y en el resto de la serie Showa como el aliado más íntimo de Godzilla. La última aparición fue en *Godzilla vs. Mechagodzilla (1974)*, donde luchó hasta morir con un Mechagodzilla.

Los rumores del retorno de Anguirus (Anguila) fueron intensos en la serie Shinsei. El guión original del director Shusuke Kaneko para *GMK (2001)* tenía a Anguirus y Varan, pero Toho consideró que debían ser reemplazados por Mothra y King Ghidorah.

MINYA

Muchos aficionados considerarán perjudicial la incorporación de ese engendro en el filme *Godzilla: Final Wars (2004)*, pues tendrán en su mente su aparición en el *Hijo de Godzilla*

(1967). También se le pudo ver en la batalla final de *Destroy All Monsters* (1968), aunque el peor recuerdo quizá sea su "trabajo" en *Godzilla's Revenge* (1969) como el amigo imaginario de Ichiro. En esta película, por mucho que les asombre, Minya hablaba realmente, lo que nos hizo odiarlo aún más.

MOTHRA

Hay quien está seguro que *Godzilla: Final Wars* supondrá el renacer de Mothra, el monstruo de la serie Shinsei. Mothra apareció en *Godzilla-Mothra-Mechagodzilla: Tokyo S.O.S.* (2003) y *Godzilla-Mothra-King Ghidorah: Giant Monsters All-Out Attack* (2001), siendo más recordado por *Godzilla vs. Mothra (1964)* y como una simple larva en varios filmes.

GAMERA

Pudiera ser el monstruo más conocido después de Godzilla, quizá porque demuestra un especial cariño hacia los niños y pelea a favor de la Humanidad. Realmente es una tortuga gigante con capacidad para volar, con enormes fauces y aliento de fuego. Entre sus filmes destacamos *El mundo bajo el terror* (1966), *Los monstruos del fin del mundo* (1966), *Supermonster Gamera* (1980) y *Gamera 2: legión Shurai* (1996).

KING SEESAR

También conocido como "King Caesar", solamente apareció en *Godzilla vs. Mechagodzilla (1974)* como el aliado de Godzilla contra Mechagodzilla. Al igual que algunos de los otros compañeros monstruosos de Godzilla, King Caesar tiene cierto prestigio entre los entusiastas.

KUMONGA

También conocido como Speiga, Kumonga es la araña gigante que casi mató a Minya en *El hijo de Godzilla* (1967), aunque debemos darle una reprimenda por no haberlo conseguido. La siguiente aparición de Kumonga fue en *Destroy All Monsters* (1968) como un monstruo amistoso que ayudó a derrotar a King

Ghidorah. La última vez que le vimos fue en una pequeña escena de *Godzilla's Revenge* (1969).

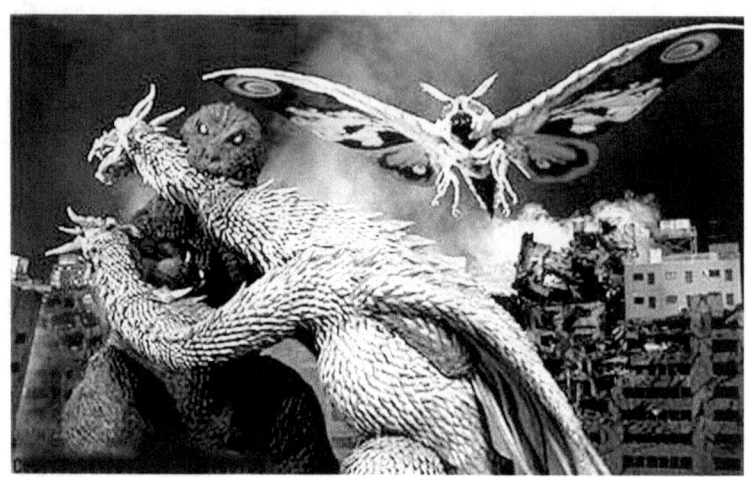

KAMAKURAS (Gimantises)

Kamakuras es uno de los monstruos gigantes que infestaron la isla remota de Sollgel, el lugar de nacimiento de Minya, el hijo de Godzilla. Cuando Minya salió del cascarón de su huevo se convirtió en una gigantesca mantis religiosa, el insecto depredador por excelencia, pero fue inmediatamente atacado por Kamakuras, aunque Godzilla llegó pronto al rescate y mató a todos, excepto a uno. La última aparición de Kamakuras fue en *Godzilla's Revenge* (1970).

HEDORAH

También conocido como "el monstruo del humo," Hedorah fue uno de los personajes de la serie Showa, aunque solamente le vimos en *Godzilla vs. the Smog Monster* (1971). El director, Yoshimitsu Banno, planeó originalmente realizar una secuela de esta película, pero el proyecto se malogró al acusar al productor Tomoyuki Tanaka de arruinar la imagen de Godzilla.

MANDA

Manda apareció por vez primera en una película independiente de la Toho conocida como *Atragon (1963)*, como el dios del imperio marino Mu. Sin embargo, no fue hasta 1968 cuando le vimos en el filme *Destroy All Monsters* junto a Godzilla, en que alcanzó cierto renombre. Manda apareció también en *Godzilla's Revenge* (1969) y durante un flashback en *Terror of Mechagodzilla* (1975).

GHIDORA

Malo entre los malos, este dragón tricéfalo está dotado de un mortífero rayo, y a pesar de que fue aniquilado reapareció biónicamente en 1992. Recordamos especialmente *Ghidora el dragón de tres cabezas* (1965), *Los monstruos invaden la Tierra* (1965) y *Godzilla contra King Ghidora* (1991).

MONSTER X

Se trata del único monstruo que no aparecerá en la nueva película, y eso que para muchos es el enemigo más poderoso de Godzilla.

GODZILLA 85
(1984)

Versión japonesa:
    Director: Kohji Hashimoto
    Guión: Shuichi Nagahara
Intérpretes:
    KEN TANAKA: Goro Maki
    TAKUMA: Ken Okumura

Versión americana:
    Director: R.J. Kizer
Intérpretes:
    RAYMOND BURR: Steve Martin

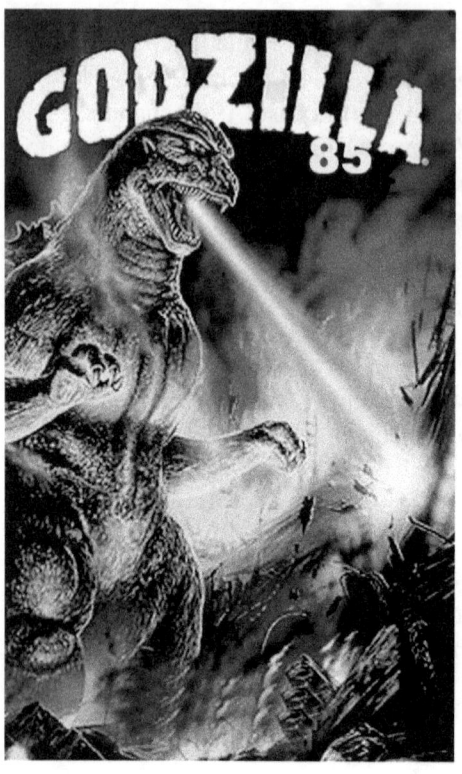

En un intento de revivir el monstruo, pero sin contar con ninguno de los creadores originales, nos sacan esta versión que solamente pudimos ver en la televisión (y en horario nocturno), con innovaciones técnicas y excelentes ideas parciales, inspirándose para el final en *Los hijos del volcán*.

Nuestro entrañable monstruo se regenera gracias a un reactor nuclear, aunque ello le proporciona unos ojos malvados y una estatura incluso superior, lo que le hace sobresalir incluso por las azoteas de los nuevos rascacielos. Ello era imprescindible, pues el Japón de los años 80 era ya una metrópoli inmensa y moderna, muy alejada de esa gran urbe devastada por la guerra en los años 40.

La película comienza cuando Goro Maki rescata a Ken Okumura de un buque que había sido atacado por unos monstruos marinos. Este arranque prometedor se diluye inmediatamente, hasta que vemos al gigantesco Goro, enemigo irreconciliable de Godzilla, siendo capturado por el Profesor Hayasida en un intento de derrotar a Godzilla.

Podíamos considerar que *Godzilla 85* es la única película en la cual el monstruo no supone solamente una amenaza para el Japón, sino para el resto del mundo. Por eso los efectos especiales fueron más numerosos, especialmente en las escenas en las cuales había gente corriendo para escapar del monstruo

GODZILLA
(1998)

Productor: Dean Devlin
Productor ejecutivo: Roland Emmerich, Ute Emmerich, William Fay
Fotografía: Ueli Steiger
Música: David Arnold
Director: Roland Emmerich

Intérpretes:
MATTHEW BRODERICK: Nick Tatopoulos
JEAN RENO: el agente secreto francés
MARÍA PITILLO: la locutora audaz
HANK AZARIA
KEVIN DUNN

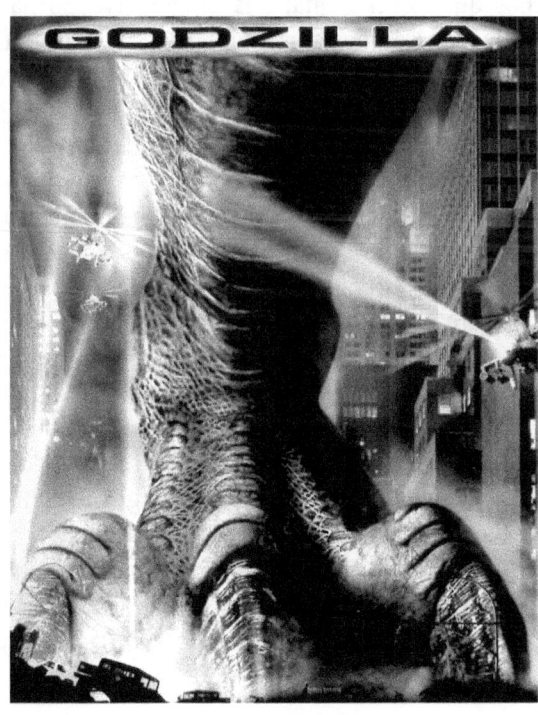

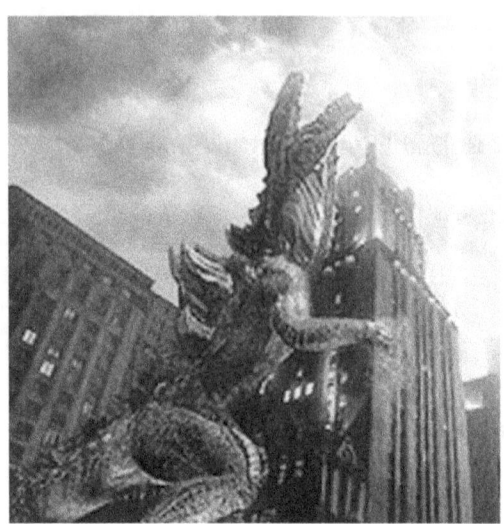

Lo importante es el tamaño, especialmente cuando se trata de Godzilla, ese gigantesco monstruo creado por la mente de Tomoyuki Tanaka en 1954 y que financió la productora japonesa Toho. Ese gigante con pies de plomo y andares majestuosos, asombró durante generaciones al mundo entero hasta que sucumbió víctima de su insensatez. Había pretendido nada menos que el ser humano le dejara vivir en paz, aunque fuera a golpe de pisotones o escupiendo fuego por su boca.

Pero alguien pensó que revivir a tan entrañable criatura era casi una necesidad y contando con la aprobación de la productora Toho y el buen hacer de Roland Emmerich, el mismo de "Independence Day", nos sacan de nuevo al monstruo de su letargo en la Polinesia mediante una explosión atómica. Ahora ya le tenemos asolando la sufrida ciudad de Nueva York, barrio Manhattan incluido. Incluso se atreve a desguazar el popular Madison Square Garden y poner allí a toda su familia numerosa en espera de empezar a comerse a los aterrorizados habitantes.

A nosotros nos gustaba más el antiguo Godzilla, tan soberbio y con su cabeza asomando siempre por encima de los rascacielos de Tokio y aunque esta película nos ha gustado, hubiera sido lo mismo llamarla "Tiranosaurio" o algo similar. Por ello entendemos que este es el aspecto más negativo del filme, puesto que quienes nos aterrorizamos durante años con el verdadero monstruo que escondía a un hábil actor, no vemos la similitud por ningún lado, como no sea en el nombre.

No podemos despedirle con un "descanse en paz", ya que otros Godzillas asolarán las pantallas cinematográficas, nuevamente obra de los japoneses.

GODZILLA 2000
(2000)

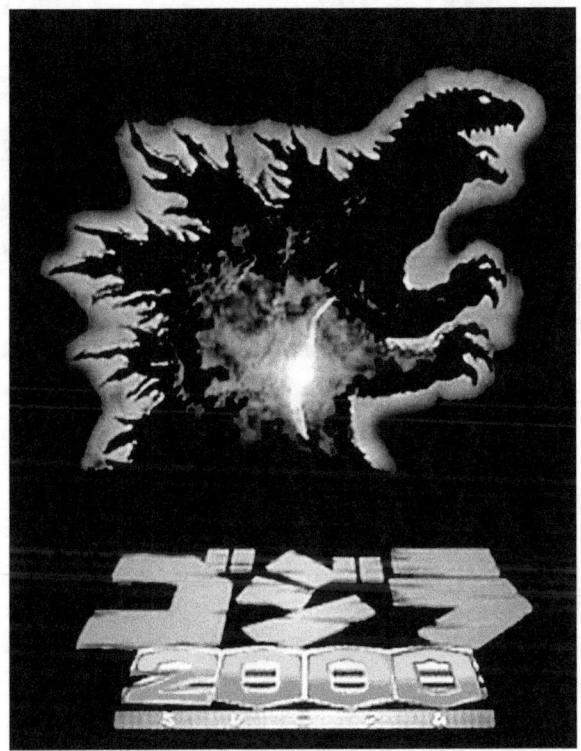

Director: Takao Ookarawa

Intérpretes:
TAKEHIRO MURATA
NAOMI NISHIDA
MAYU SUZUKI

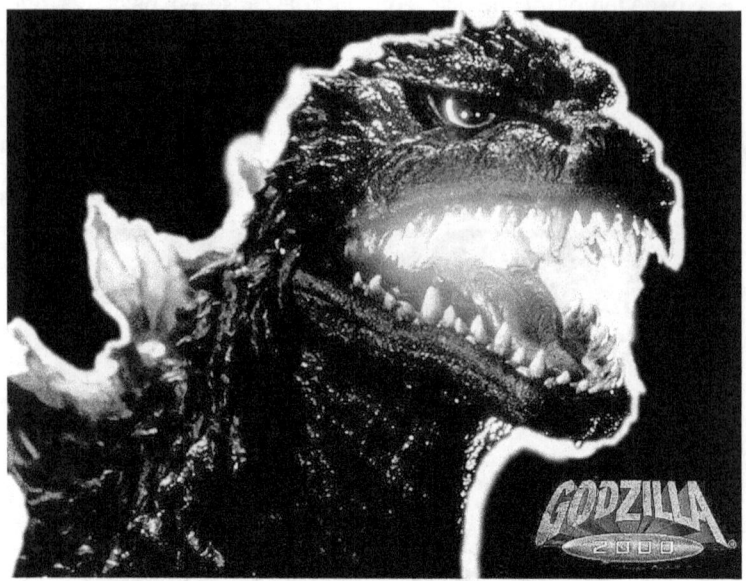

Nueva versión japonesa sobre el legendario monstruo, posiblemente para tratar de mantener viva la esencia fuertemente desvirtuada por la versión norteamericana. Ahora el monstruo se enfrenta a un gigantesco alienígena que ha permanecido en letargo en la fosa japonesa durante miles de años y que regresa para atacar a Godzilla, quien por cierto acaba de destruir la ciudad de Nemuro. Desdichadamente, en Europa no conocimos esta secuela, y solamente algunos afortunados lograron verla en la televisión privada.

GODZILLA: FINAL WARS (2004)

Director: Ryuhei Kitamura
Guión: Isao Kiriyama, Ryuhei Kitamura,
Wataru Mimura, & Shogo Tomiyama
Efectos especiales: Eiichi Asada

Intérpretes:
MASAHIRO MATSUOKA: Shinichi Ozaki
REI KIKUKAWA: Miyuki Nemu
AKIRA TAKARADA: Noataro Daigo
MAKI MIZUNO: Anna Otonashi
KAZUKI KITAMURA: Representante Planet X

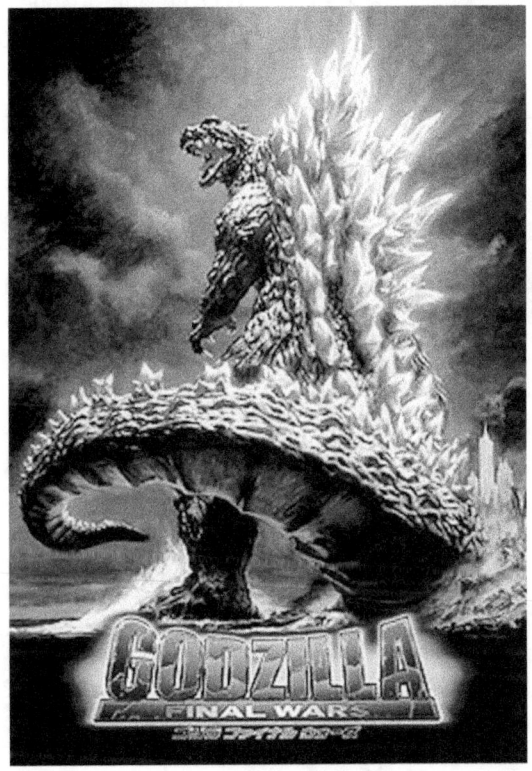

Cuando los ejecutivos intentaron relanzar una versión digna de Godzilla, se encontraron con el problema de los efectos especiales, ahora ya muy refinados, pero excesivamente costosos. Desde que se iniciaron los preparativos, en febrero de 1991, muchas ciudades que debían ser arrasadas se desecharon y otras, como Nueva York, se filmarían en escenarios australianos, con los oportunos escenarios y maquetas.

Del mismo modo, el desierto de Arizona y Sydney fueron los lugares elegidos para representar a Beberly Hills y algunas calles de los suburbios de Nueva York, pero con tal acierto que incluso se asemejan a ciertas ciudades de Japón.

Puesto que se trata de hacer morir dignamente al monstruo, la historia dice que tendrá su fin en Shangai, a manos del Monstruo X, algo así como un dragón que escupe fuego. El nuevo Godzilla, según el director Ryuhei Kitamura, es bastante más poderoso que el tradicional, siendo capaz de aniquilar a sus enemigos simplemente con su aliento. Aunque otros muchos monstruos le acompañarán en esta epopeya, Godzilla será el más peligroso y su inteligencia le hará parecer invencible. Y es que tantos años asolando ciudades y peleando con monstruos le han proporcionado una capacidad de respuesta ante los agresores insólita, por lo que podemos considerarle ya sin reparos como "el monstruo más inteligente del planeta".

La causa de la agresividad de Godzilla hacia los humanos radica en la muerte de su hijo, de nuevo reavivado por las pruebas nucleares capaces de despertar a otros kaijus gigantes. Cuando esos monstruos aparecen lo hacen simultáneamente en ciudades como Nueva York, París, Shangai y Sydney, y las fuerzas bélicas de los humanos apenas pueden contenerles. Por si fuera poco, numerosos OVNIS aparecen de repente en el cielo, y eliminan a los kaijus, estableciéndose una alianza con los terrestres. Algo de lo que se arrepentirán pronto.

PELÍCULAS JAPONESAS

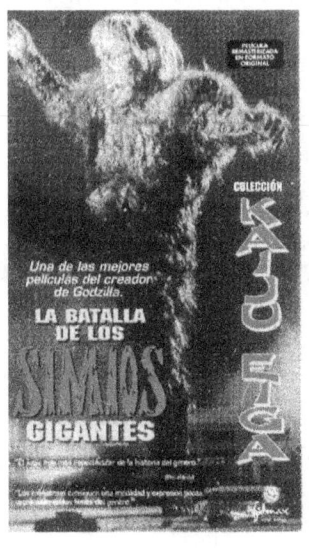

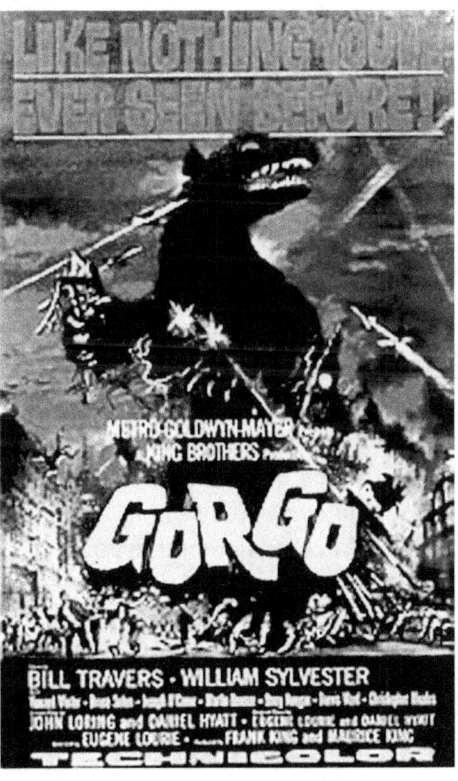

Godzilla..........................1954...............................Ishiro Honda
El rey de los monstruos...1955
Rodan............................1957...............................Ishiro Honda
Incursiones de Godzilla.........1955................Motoyochi Honda
Dagora, el monstruo del espacio......................................1960
Gorgo..1961
Mothra................................1962............................Ishiro Honda
King Kong contra Godzilla...................1963.......Ishiro Honda
Godzilla contra Mothra.............1964....................Ishiro Honda
Ghidorah, el dragón de tres cabezas.....................1964
La invasión del Planeta X......................1965.......Ishiro Honda
Gamera, guardián del universo.....................................1965
Ghidrah............................1965....................Ishiro Honda
Gamera el Monstruo Gigante.......................................1965
Gamera contra Barugon...1966
Godzilla contra el monstruo del mar.......1966...Junio Fukuda
La cólera de Daimajin...1966
La batalla de los simios gigantes....................................1966
Gamera contra Gaos..1967
El hijo de Godzilla..................1967......................Junio Fukuda
Destroyer contra todos los Monstruos......1968...Ishiro Honda
Viras ataca la Tierra..1968
Gamera contra Guiron..1969
Venganza de Godzilla.......................1969.........Ishiro Honda
Godzilla contra el monstruo cero...................................1970
Gamera contra Zigra..1971
Godzilla en la isla del monstruo....................................1972
Godzilla contra Gigan..................1972.............Junio Fukuda
Godzilla contra el monstruo de la niebla.......................1972
....Yoshimitsu Banno
Godzilla contra Megalon..1973
Godzilla contra Mechagodzilla.............1974.......Junio Fukuda
Mechagodzilla...1975
Godzilla 85.............................1985................Kohji Hashimoto
Godzilla contra Biollante...1989
Godzilla contra King Ghidorah.....................................1991

Godzilla contra Destoroyah.............1995.........Takao Okawara
Gamera 2: Advenimiento de la legión............................1996
¡Kraa! El Monstruo Del Mar..1998
Ultraman Tiga y Ultraman...1998
Godzilla 2000...1999
Godzilla contra Megaguirus: La estrategia de la aniquila-
ción de G 2000
Godzilla, Mothra y King Ghidorah: La guerra gigante del
monstruo........................2002...............Shusuke Kaneko
Mechagodzilla: Tokyo S.O.S.....................................2003
Godzilla: Final Wars...2004

KING KONG

Aunque no existe en la naturaleza un gorila tan enorme como el mostrado en el cine bajo el nombre de King Kong, la posibilidad de que algún día un grupo de exploradores pudiera encontrar una especie así, tan grande como un dinosaurio, es una idea altamente sugestiva. En la novela "En busca del Gran Gorila" se describe con todo detalle una especie gigante de gorilas que, habiendo habitado los mismos lugares y épocas de los dinosaurios, consiguieron sobrevivir al gran cataclismo que provocó la destrucción de los grandes reptiles.

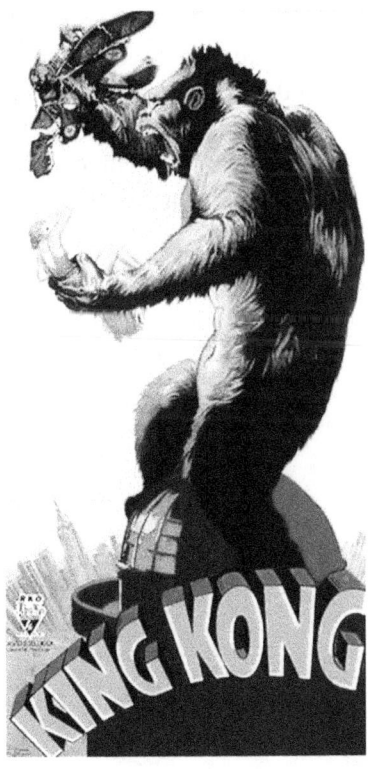

Este mamífero es ahora el mono antropoide más grande, más poderoso y más raro que existe en la naturaleza, delimitado posiblemente a los bosques del África ecuatorial, aunque están censadas varias familias en altitudes de hasta 3.000 m en las tierras altas centrales de Zaire, Uganda, Ruanda y Burundi. Allí fueron estudiados inicialmente por el zoólogo estadounidense George B. Schaller, así como posteriormente por Dian Fossey, quien estudió y vivió entre los gorilas de montaña desde el año 1963 hasta su muerte en el año 1985 en el centro de investigación de Karisoke, que ella había creado en Ruanda en 1967. Desde entonces sabemos que un gorila macho puede alcanzar una altura de 1,68 m y un peso de 200 kg en su medio natural, siendo la hembra unos 30 cm más pequeña. Con un volumen cerebral más pequeño que el de los seres humanos, pero una estructura del esqueleto similar a la del hombre, tiene como especial peculiaridad el que su columna vertebral carece de las curvaturas necesarias para mantener una posición erguida durante mucho tiempo.

Socialmente no se difieren en lo esencial del ser humano, pues viven en grupos formados por un número comprendido entre 5 y 15 individuos, con un jefe y uno o dos machos subordinados, así como varias hembras adultas, y jóvenes de distintas edades. Su comportamiento no es agresivo salvo que se les provoque o presientan el peligro, momento en el cual cargan contra su adversario, con mayor agresividad si éste emprende la huída.

PELÍCULAS

KING KONG
RKO Pictures (**1933**)

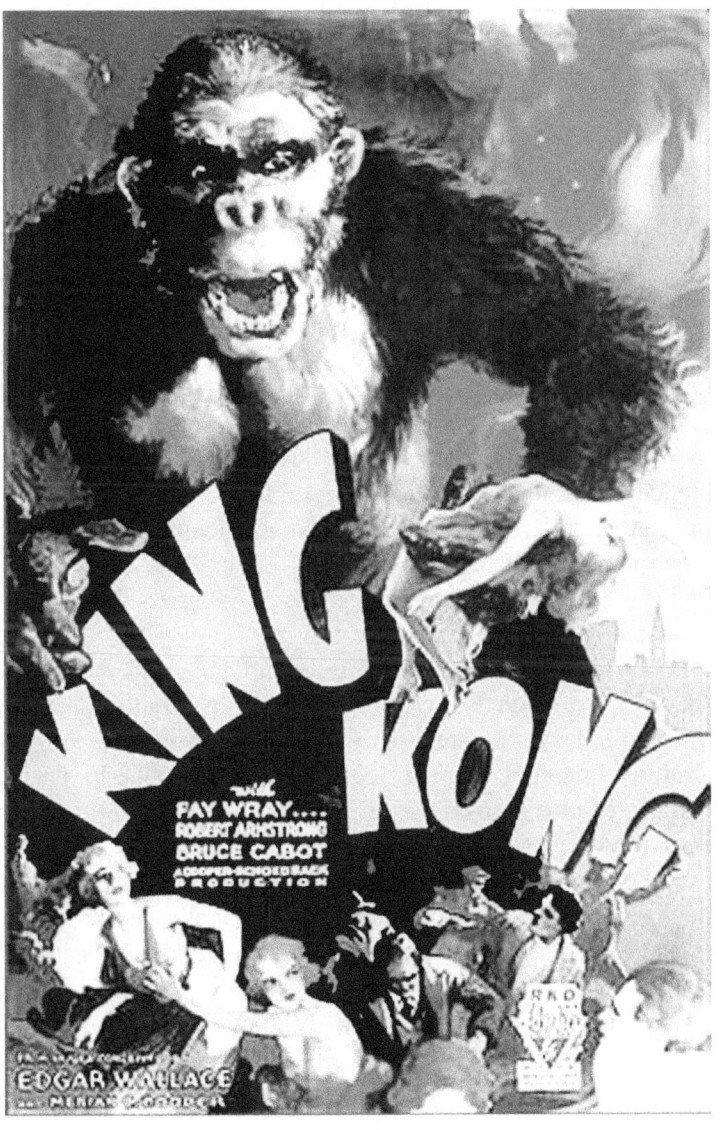

Director: Merian C. Cooper y Ernest Schoedsack
Guión: Ruth Rose y James Creelman
Basado en una idea de Merian C. Cooper y
Edgar Wallace
Fotografía: Edward Linden
Música: Max Steiner

Intérpretes:
FAY WRAY: Ann Darrow
CARL DENHAM: Robert Armstrong
JOHN DRISCOLL: Bruce Cabot

Esta apasionante historia comienza en la isla de la Calavera, de nombre tan tenebroso como el monstruo que alberga desde hace siglos. Hasta allí acuden unos cineastas para rodar una película en un ambiente real, sin darse cuenta que cerca está King Kong, el gran gorila que se enamora de la guapa protagonista. Aprovechando su fuerza y tamaño descomunal la rapta y desde entonces se establece una batalla entre los pequeños humanos y la bestia, para ver quién se queda con la chica. El amor entre el monstruo y la bella es imposible, es obvio, pero entre ambos comienza un idilio apasionante y una erótica escena de amor que solamente interrumpen los cineastas.

En la segunda parte del filme, vemos al gorila trasladado hasta el mismísimo Nueva York para ser mostrado como una atracción a sus habitantes, pero cuando el gorila se escapa los cazadores humanos se multiplican y el animal debe huir hasta ocultarse en otro gran coloso, el Empire State Building. Allí rescata y protege a su amada hasta que las balas de los aviones le abaten, cayendo desde la torre del edificio y estrellándose en el pavimento. En ese momento la lírica crece y el espectador se ve forzado a emitir una lágrima por el, hasta entonces, monstruoso animal.

Cuando fue estrenada en 1933, el filme ocasionó un asombro sin precedentes. Los avanzados efectos visuales, una historia entretenida, y un final conmovedor, fueron la combinación perfecta para que poco después se le otorgase la etiqueta de clásico. Hasta entonces, y después durante algunas décadas, ninguna película con monstruo consiguió ensombrecerla.

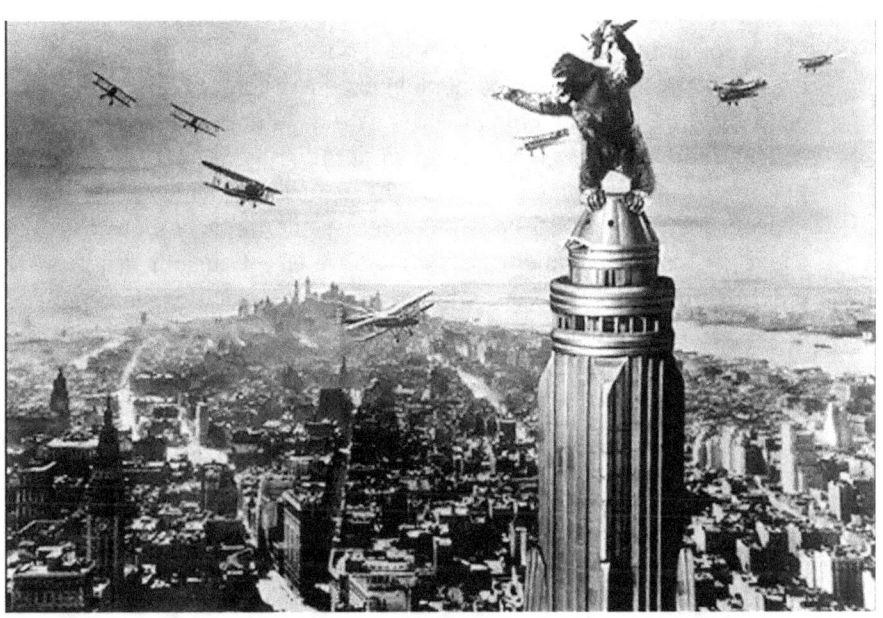

El personaje principal, el gorila gigante, consiguió ser animado por el mago Willis O'Brien (tutor del también genial Ray Harryhausen), impresionando a todos con su espectacularidad y cautivando al público con el amor de ese simio gigante hacia la heroína. Pero el filme fue realizado en los años 30 y técnicamente ha sido superado con creces, aunque los posteriores remakes no han servido para quitarle ni un gramo de encanto. En concreto, la versión de   Dino DeLaurentis en 1976, y las películas como *Parque Jurásico*, han contribuido aún más a que las gentes hablen de nuevo de este viejo filme.

Por ello, el King Kong original todavía permanece en nuestras memorias, a pesar de los avances de la tecnología y las mejoras en la producción. No obstante, cuando miramos estas viejas imágenes en blanco y negro que fueron montadas con artesanía y cuidado mucho antes de que los ordenadores lo hicieran mejor y más fácil, observamos la gran dificultad que tuvieron que pasar esos artesanos. En muchas escenas King Kong está inmóvil, justo cuando el resto de los objetos y personas se mueve alrededor. Esto que puede parecer un defecto es una virtud, pues así nos concentramos en los personajes que están involucrados en la historia, no solamente en el monstruo. Ahora sabemos que el filme requería que King Kong tuviera varias alturas, según pelease con humanos, tuviera a la chica entre sus manos o golpease a los dinosaurios, consiguiendo así que impactara en los espectadores en cualquier circunstancia. Y en este insólito viaje en el tiempo nos muestran a dinosaurios y pterodáctilos atacando al gorila, siendo la parte más romántica cuando intenta desvestir a su pequeña amada utilizando sus torpes manos.

A un nivel puramente técnico, es imposible negar que durante años los efectos especiales mostrados constituyeran una revolución tan importante como años después lo fue *Parque Jurásico*, aunque debemos insistir en que las películas fantásticas no deben estar asentadas solamente en el aspecto visual o técnico.

SUS CREADORES

El dibujante Willis O'Brien, nacido en Oakland (California), en 1886, se especializó en arqueología, pintura y escultura, lo que le permitió un empleo en el Museo de Ciencias Naturales de Nueva York. Su fama como experto en animales antiguos era muy alta y por ese motivo le encargaron un cartel anunciador de la película *El mundo perdido*, en el cual se veía por primera vez en el cine a un gorila gigante atacando a unos exploradores. Con esa idea y contando con antecedentes en "Los viajes de Gulliver" y "Los crímenes de la calle Morgue", elabora una especie de guión para una película titulada "Creation", la cual nunca fue llevada a la pantalla. Posteriormente, sus trabajos en el cine le valieron un oscar a la animación en la película *El gran gorila* (1939).

Sin embargo, y aunque la autoría en el arranque de *King Kong* es suya, justo es reconocer que quizá el mérito original estuvo en el escritor Edgar Wallace, quien estaba ya redactando el argumento de una película que se titularía "La bestia" o "El rey mono", aunque su repentina muerte truncó la buena idea.

Lo cierto es que para efectos prácticos, fueron los dibujos de O'Brien y su colaborador Byron Crabbe los que llegaron a manos del vicepresidente de la RKO, David O. Selznick, el cual llamó para perfeccionar la idea a James A. Creelman y Ruth Rose, quienes adaptaron para el cine la idea del simio gigante. El proyecto vio por fin la luz verde cuando Marian C. Cooper se hizo con la dirección de la RKO unos meses más tarde, contratando para que le ayudase en la dirección del nuevo film a Ernest B. Schoedsack, marido a su vez de la guionista Ruth Rose.

Lógicamente y dado el bajo presupuesto, la película no se podía rodar en el corazón de África y se eligieron los escenarios naturales de San Pedro, así como algunos de los decorados de la RKO que se habían utilizado en filmes anteriores, incluyendo algunos de "Rey de reyes" de Cecil B. de Mille, los cuales serían posteriormente aprovechados de nuevo en "La diosa de fuego" y en "Lo que el viento se llevó", donde serían definitivamente destruidos para recrear el gigantesco incendio de Atlanta.

Los efectos especiales

La película costó seiscientos mil dólares de entonces y tardó en concluirse casi un año, más que nada a causa del complicado montaje de laboratorio que exigía. Además, los efectos especiales fueron los mejores protagonistas de la obra y se utilizó el eficaz pero lento sistema de animación fotograma a fotograma, en el cual cada segundo de proyección exigía 24 fotografías distintas. Multipliquen esta cifra por los segundos de actuación del gorila gigante y se darán cuenta del trabajo tan intenso que se

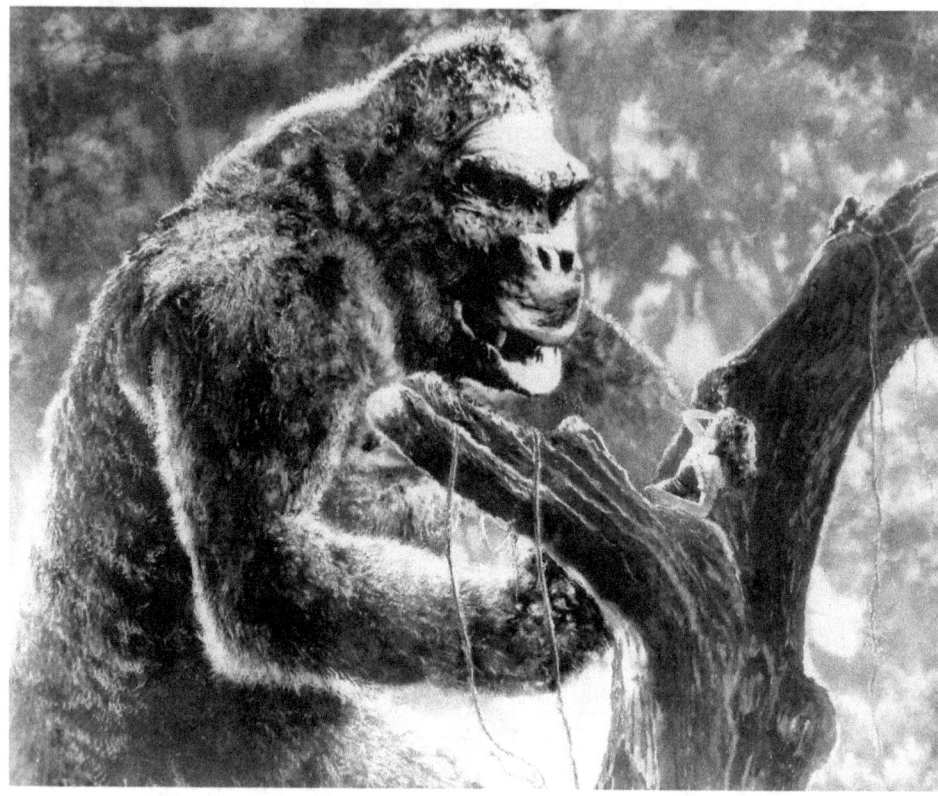

realizó. Luego estaban las maquetas (recuerden que todo se rodó en un decorado que simulaba la selva) y el gorila mismo, el cual nunca fue un gorila auténtico sino veintisiete gorilitas en miniatura de apenas 45 centímetros de altura. Construidos en aluminio y recubiertos con piel de cordero, se deterioraban con rapidez y por eso se hicieron necesarios tantos muñecos iguales. Su pequeño tamaño, por supuesto, estaba acorde con las maquetas, tremendamente enanas a su lado una vez proyectadas en la pantalla.

Para los primeros planos y en especial para dar realismo a las escenas entre la bella y la bestia, se construyeron una mano y una cabeza gigantes, movidas mediante multitud de cables y resortes gracias a varios operarios que trabajaban desde dentro. En concreto, los ojos requerían tres personas para moverlos al unísono y los movimientos de la cabeza necesitaron cuatro personas. Para las mandíbulas se construyó un motor que funcionaba con aire comprimido y que permitían enseñar los dientes que debían aplastar totalmente a los infelices que caían a su alcance.

Para completar la maravilla de efectos especiales se grabaron en un zoológico los rugidos de leones y tigres que, debidamente mezclados, más un reforzamiento en las notas bajas, consiguieron que los gritos del gorila fueran tan aterradores como su presencia. Estos efectos, así como multitud de transparencias colocadas en el momento idóneo y la ventaja de la retroproyección, sirvieron para cautivar a los públicos de aquella época y lograr que la película soportara el paso del tiempo con honestidad. Tan realista resultó el film que tuvieron que cortarse algunas escenas verdaderamente escalofriantes, como el aplastamiento de un niño negro por el pie del gorila, la muerte de unos marineros que son devorados lentamente por arañas gigantes, la caída de una mujer histérica desde lo alto de un rascacielos y, por supuesto, el desnudo casi integral que realiza King Kong a su amada bella, a la cual quita dulce y placenteramente la ropa para contemplar extasiado su cuerpo. Los espectadores tuvimos que conformarnos con un esbozo del desnudo.

La película se estrenó el 2 de marzo de 1933 en los cines Radio City Music Hall y Roxy Theatre de Nueva York y el éxito fue tan extraordinario que ese mismo día se acometió inmediatamente el rodaje de una secuela.

EL HIJO DE KONG
The Son of Kong (1933)
RKO 70 minutos

Director: Ernest Schoedsack
Guión: Ruth Rose

Intérpretes:
ROBERT ARMSTRONG: Denham
HELEN MACK: Hilda
FRANK REICHER: Englehorn

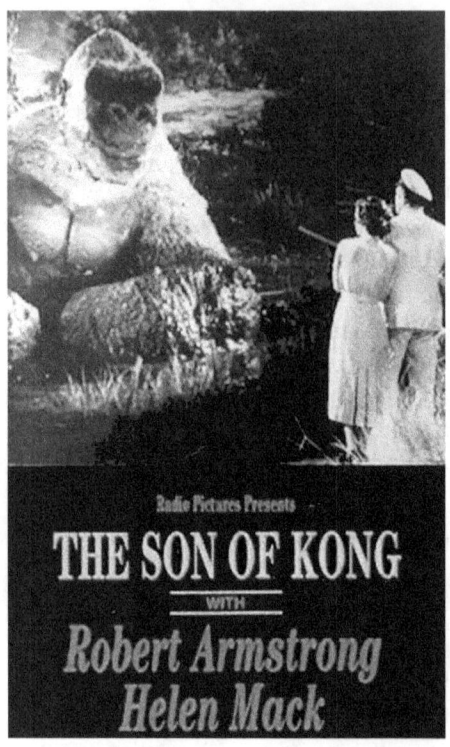

La historia arranca desde el anterior filme, analizando los desastrosos resultados de la última expedición, con Robert Armstrong viajando en un barco rumbo a Nueva York. Pero algo sale mal y la tripulación se amotina, debiendo abandonar el barco para refugiarse de nuevo en la mítica isla que albergaba a King Kong. Allí pronto descubren que existe un pequeño gorila, posiblemente un hijo de Kong, aunque no encuentran a la hembra.

RKO se apresuró a explicar que con esta segunda parte no trataban de capitalizar el éxito del original King Kong, pero todo el mundo sabía que habían decidido aprovechar hasta los decorados. El guión intentó volver a los personajes anteriores, pero los actores ya no eran los mismos y las incongruencias comienzan con el interés por enlazar ambas historias, pues las odiosas comparaciones jugaban en su contra. Desde ese momento el argumento hace aguas por todas partes y la falta de respeto hacia el personaje central es manifiesta cuando nos muestran a ese bebé Kong intentando cautivar al espectador.

EL GRAN GORILA
Mighty Joe Young (1949)

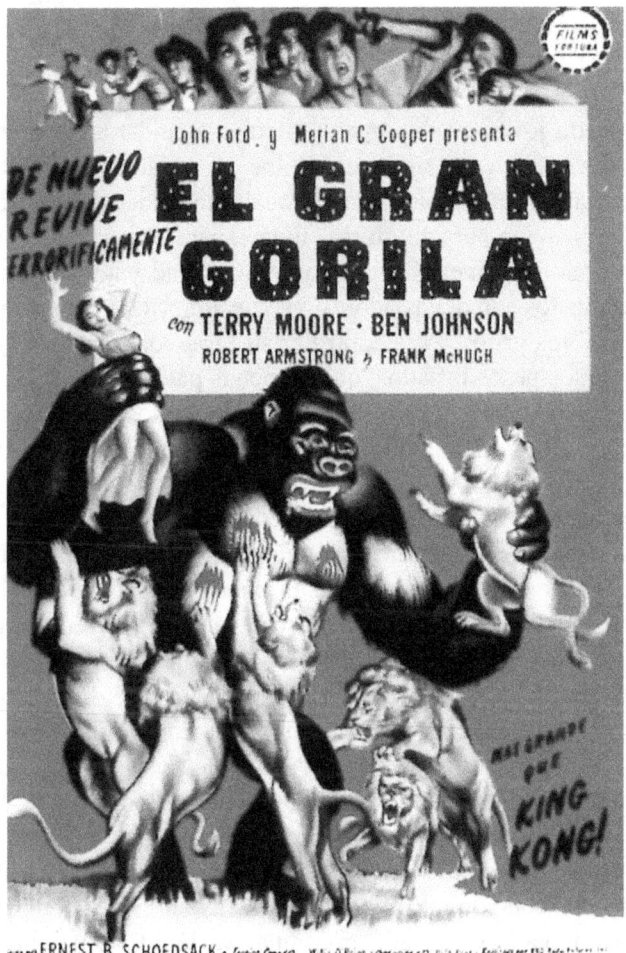

Director: Ernest B. Schoedsack
Fotografía: Roy Webb
Guión: Ruth Rose
Producción: John Ford y Merian C. Cooper
Efectos especiales: Ray Harryhausen

Intérpretes:
TERRY MOORE: Jill
BEN JOHNSON
ROBERT ARMSTRONG
PRIMO CARNERA

Nuestra joven protagonista se dedica a cuidar a un gigantesco gorila a quien denomina como Joe, un encantador e inofensivo animal, hasta que unos vaqueros feriantes deciden llevárselo a la civilización para exhibirlo en un cabaret. La oferta es tentadora, pues hay dinero, comida y tranquilidad para Joe, aunque los resultados son devastadores, ya que al gorila no le gustan los ruidos ni los gritos. Para controlar su furia contratan a un campeón de los pesos pesados, quien apenas puede hacer nada contra el coloso, y solamente el salvamento de dos niños acorralados en un edificio en llamas impide que la policía mate el simio.

He aquí un filme menor que puede imitar con fortuna a *King Kong*, y no solamente en el tamaño. Este cuento dulce de una muchacha y su amigo, un gorila africano con el alma de un gatito, intenta llegar al corazón del espectador, en lugar de aterrorizarle. Robert Armstrong repite su papel anterior como un productor de Broadway que engatusa a Jill Young (Terry Moore) para que vayan juntos con su gran gorila hasta Nueva York, en donde será la estrella en su nueva sala de fiestas. Enjaulado en un sótano, sin apenas poderse mover, el infeliz Joe debe hacer frente a un trío de hombres borrachos, pero su presencia ocasiona el caos en la ciudad. En un esfuerzo desesperado por salvar a Joe de la ejecución, Jill pide ayuda a sus amigos y confidentes (incluyendo a Ben Johnson) para una evasión. El drama humano desplaza entonces al espectáculo, pero hay momentos espectaculares cuando el gran gorila destroza la sala de fiestas e incluso pelea con el campeón Primo Carnera.

Si usted esperaba ver un remake del legendario *King Kong* se sentirá defraudado, pero si solamente quiere disfrutar de una obra sentimental, romántica y algo sensiblera, al mismo tiempo que busca unos efectos especiales loables, es una película recomendable para ser vista en DVD. Fue premiada con un Oscar a los mejores efectos especiales.

KONGA
(1961)

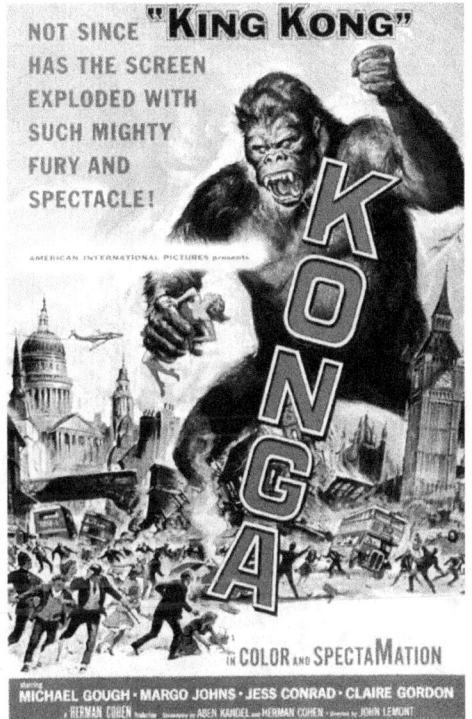

Director: John Lemont
Guión: Herman Cohen

Intérpretes:
     MICHAEL GOUGH: Charles Decker
     MARGO JOHNS: Margaret
     JESS CONRAD: Bob Kenton

El Dr. Decker vuelve a África después de un año de investigaciones, pues desea profundizar en los restos gigantescos de plantas y animales encontrados en la expedición anterior. Pronto sus pesquisas le llevan hasta un chimpancé bebé, demasiado grande para su edad. Poco a poco ese animal crece en tamaño y agresividad, al mismo tiempo que una pandilla de indeseables intenta matar al doctor. En ese momento se acabaron las buenas maneras y el gigantesco animal ataca con furia contra sus enemigos, arrasándoles a ellos y a la ciudad de Londres.

KING KONG CONTRA GODZILLA (1963)

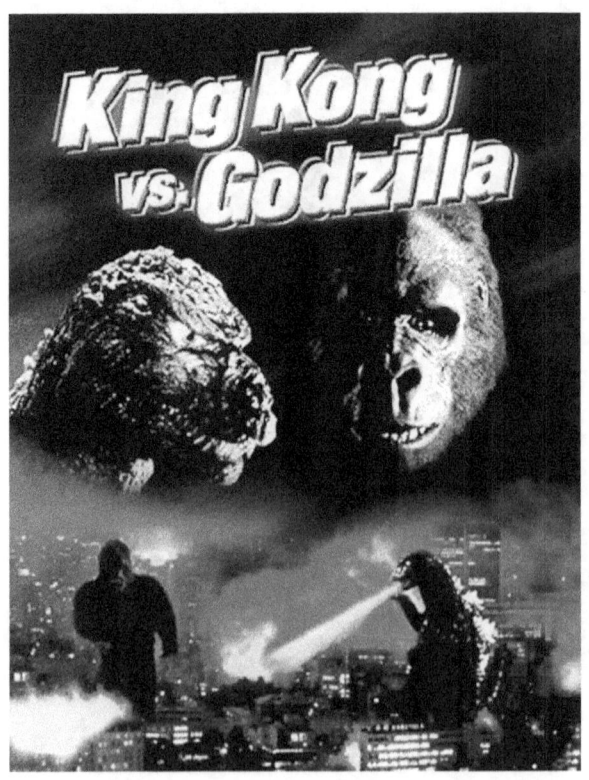

Director: Ishiro Honda
Guión: Ishiro Honda, Tadao Takashima

Intérpretes:
TADEO TAKASHIMA: Osamu Sakurai
KENJI SAHARA: Kazuo Fujita
YU FUJIKI: Kinsaburo Furue

Era casi un argumento esperado, pues había que enfrentar al gigantesco simio americano con el colosal gigante japonés. El guionista nos lleva de continente a continente para mostrarnos a Godzilla rompiendo un iceberg que flota en el océano, desencadenándose desde entonces el caos. Simultáneamente se descubren unos fósiles que volverán a la vida a un gigantesco simio que deberá ser molido a palos por Godzilla, estableciéndose así la pugna entre americanos y japoneses. ¿A qué no saben quién gana, teniendo en cuenta que el director es nipón? Nosotros también lo presentíamos, y eso que éramos muy niños cuando vimos el filme.

King Kong vs. Godzilla era la tercera entrega del gran personaje nacido de una radiación atómica, produciéndose 7 años después de *Gojira vs. Gyakushu*, en un intento de no estropear lo que sería la gallina de los huevos de oro, aunque en este caso ni son de oro ni muchos menos hay una gallina. Los elementos clásicos en cuanto a narrativa se refiere se mantienen existiendo un monstruo malo y uno bueno, un poco de romance virginal y unos efectos especiales tan simples que hasta un niño los percibe.

La nota discordante es que Godzilla es todo inteligencia y eficacia, mientras que King Kong es patético y torpe, solamente un bruto con manos y pies. Bien, al menos así era la versión japonesa, puesto que al exhibirse en América todo cambia y nuestro Kong particular posee una inteligencia superior a 120. Otro cambio inexplicable es la duración, pues la versión americana tiene 15 minutos añadidos en puro inglés y, aún así, la duración total es inferior en 7 minutos, lo que nos proporcionan en total más de 20 minutos robados.

KING KONG ESCAPA
King Kong escapes (1967)

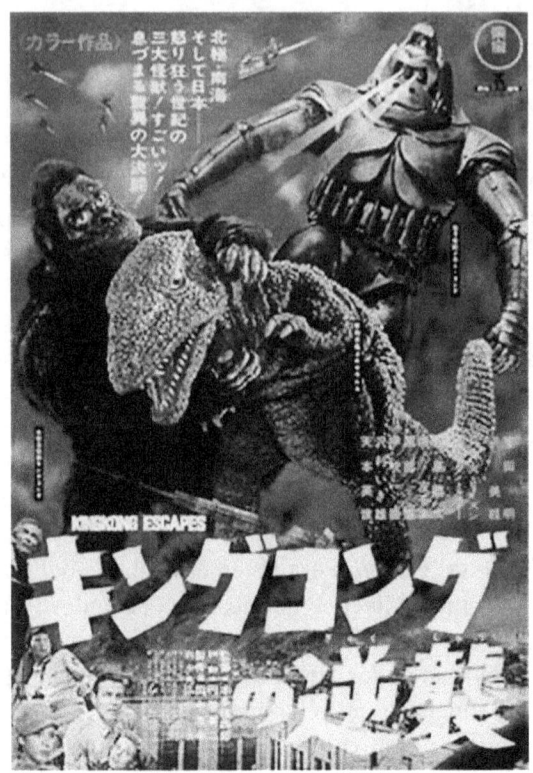

Director: Ishiro Honda
Guión: Takeshi Kimura

Intérpretes:
RHODES REASON: Carl Nelson
MIE HAMA: Madame X
LINDA MILLER: Susan
EISEI AMAMOTO: Dr. Who

¿Después de vencer al poderoso Godzilla (en versión americana, que quede claro), una pregunta quedó en el aire: ¿Quién podría ser una amenaza real para el todopoderoso Kong? La respuesta incita a la risa, pues solamente otro gran gorila podría matar al King Kong original. Así que, aquí lo tenemos.

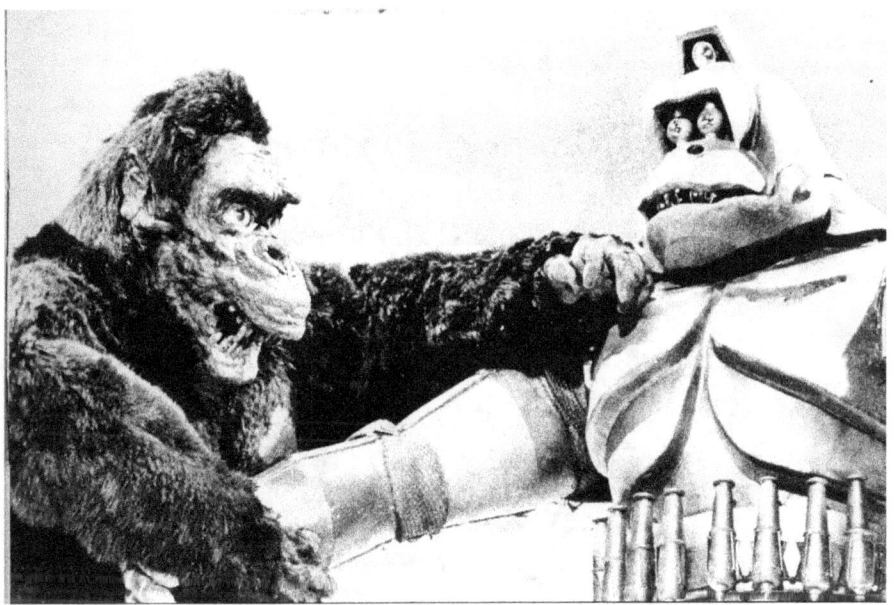

Filmada durante la guerra fría con los soviéticos, el legendario Dr. Who ha descubierto una nueva aleación de plutonio durante unas excavaciones en el Polo Norte. Su Kong particular es un robot que, de momento, hace de criado para el doctor hasta que el King Kong real es hipnotizado. Pero ahora nuestro amigo no está solo, tiene una guapa chica que le ayuda, y después de muchos tortazos el robot acaba en la chatarra. Pero para que la historia se complique un poco más Kong debe defenderse de un Gorosaurus, un engendro parecido al monstruo del lago Ness.

La chica es Linda Miller, bastante más guapa que el gorila, pero los mediocres efectos especiales se encargan de que no podamos disfrutar con su presencia, aunque nos reímos bastante. El traje de Kong es mucho mejor que el que usó en *King Kong contra Godzilla* y queda bien claro que sigue siendo el rey indiscutible de los monstruos. Años después tuvo su remake con el filme *Godzilla vs. Megalon.*

KING KONG ISLAND
Eva, la Venere selvaggia (1968)

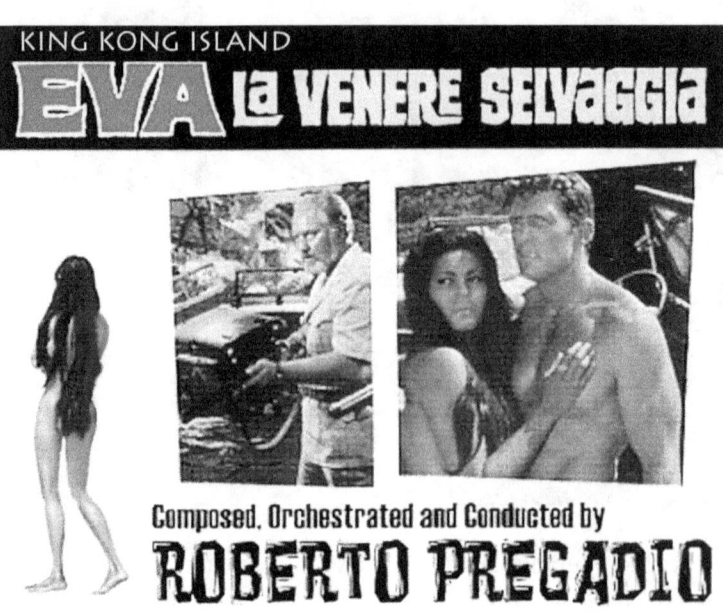

Intérpretes:
    BRAD HARRIS: Bert
    ESMERALDA BARROS: Eva, la chica salvaje
    ADRIAN ALBEN: Ursula

Cuando los italianos y los españoles se ponen juntos a realizar películas de ciencia-ficción podemos comenzar a temblar, salvo que no entremos a verlas. No obstante, una cosa les tenemos que agradecer: siempre nos sacan chicas guapísimas con poca ropa.

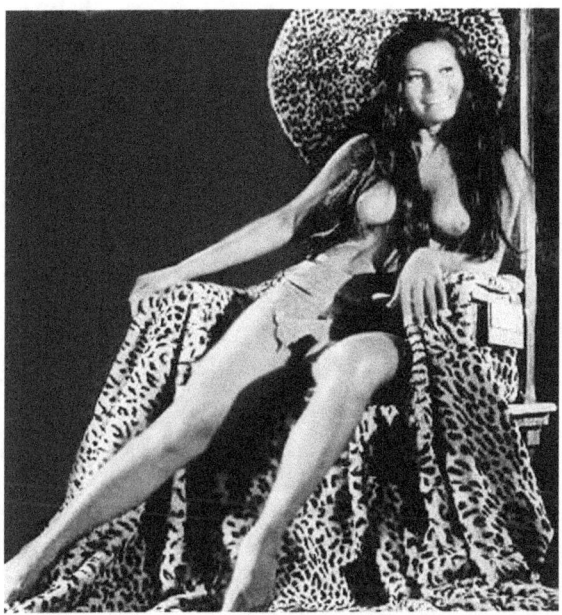

La historia nos muestra inicialmente a un grupo de científicos muy malhumorados que viajan hasta la isla donde suponen que habita Kong, aunque se llevan la sorpresa de que no hay uno, sino varios. Ellos están controlados por una guapa chica, por aquello de la bella y la bestia, pero un pequeño romance nace entre uno de los aventureros y la salvaje de buen cuerpo y así todo es más sencillo. Aprovechándose de un descuido, logran implantar unos receptores en los cerebros de los monos, consiguiendo tener su control para convertirles en máquinas de matar. Pero ellos tienen un enemigo, un mercenario llamado Bert a quien habían dejado por muerto en Kenya después de coserle a balazos. Como consecuencia de ello Bert luce un recuerdo de este encuentro: una fea cicatriz que le cubre gran parte del pecho; además de grandes deseos de venganza.

APE
(1976)

Director: Paul Leder
Guión: Paul Leder, Reuben Leder

Intérpretes:
ROD ARRANTS: Tom Rose
JOANNA KERNS: Marilyn
NAK-HUN LEE: Kim

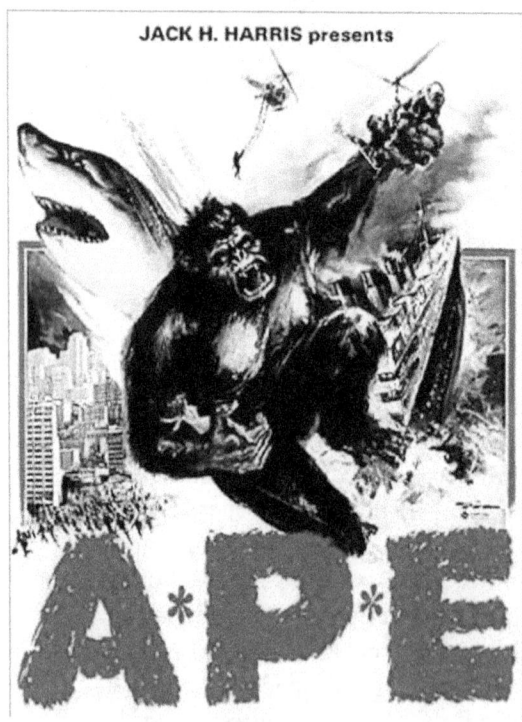

JACK H. HARRIS presents

Cerca de las costas de Corea se ha descubierto un gorila gigante, justo en el mismo lugar en que una actriz americana está rodando una película. Pero una vez más la bestia se interesa por la chica y la secuestra, ocasionando un caos que llega hasta Seúl.

¿Han pensado que la unión entre americanos y coreanos podría lograr un buen filme? Nunca ha ocurrido hasta ahora y esta película es una buena (mala) muestra de ello. El ejército que sale es de lo más disciplinado, quizá porque fue cedido por el gobierno coreano de entonces, pero los barcos son de juguete y hasta los tiburones destilan caucho por las aletas. Si logran verla en DVD les aseguro una buena ración de risas.

KING KONG
(1976)

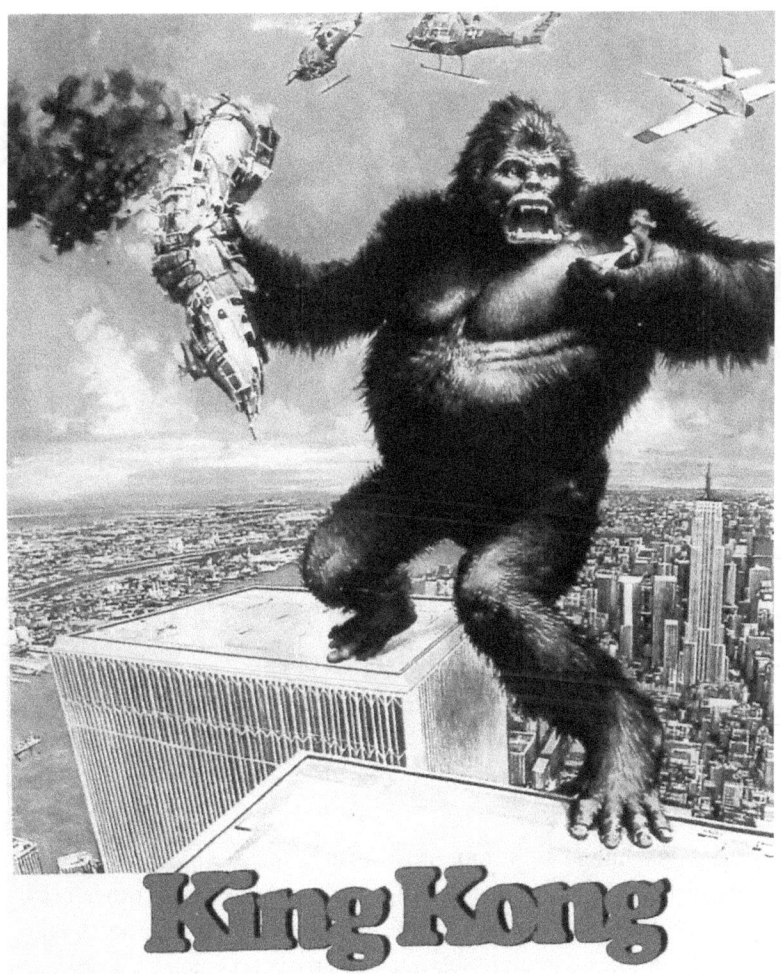

Productor: Dino De Laurentiis
Música: John Barry

Intérpretes:
JEFF BRIDGES: Jack
CHARLES GRODIN: Fred
JESSICA LANGE: Dwan
JOHN RANDOLPH: Ross

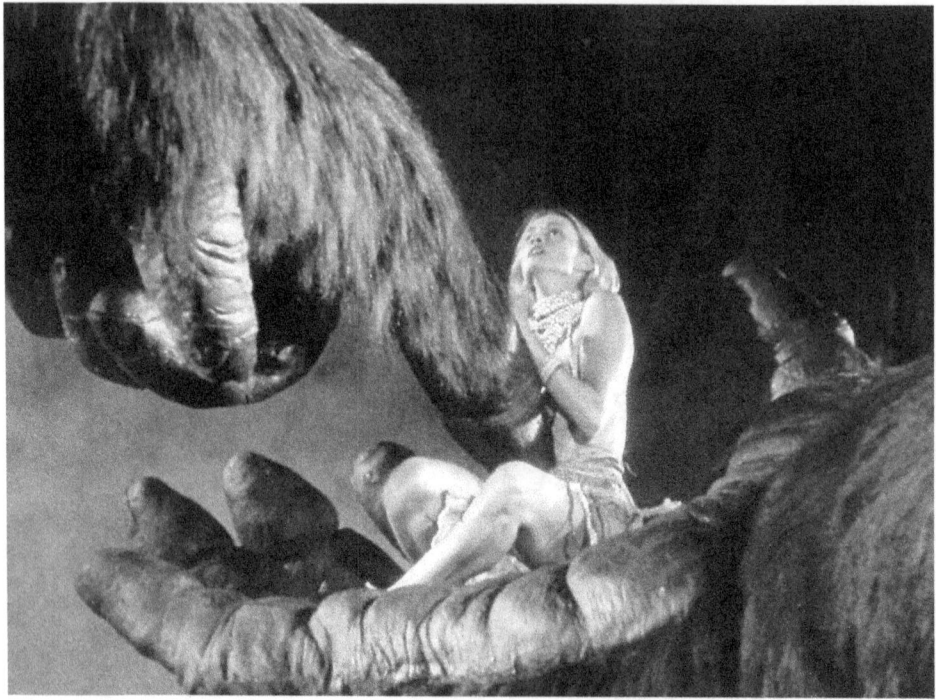

Jessica Lange seguramente pensó pasar a la posteridad con este filme, tal y como antes lo hiciera Fay Wray, pero quizá porque no supo gritar igual o porque el desnudo que le realiza Kong no fue completo, lo cierto es que su carrera no despegó gracias a esta película.

La historia es sencilla: Jack Preskott es un paleontólogo que viaja con una expedición a la remota isla de Skull para buscar petróleo. Cuando llegan, se encuentran con un gigantesco gorila que deciden capturar y exhibir a cambio de dinero.

En este remake, con mejores medios económicos y tecnológicos que su predecesor, no conseguimos ver la maestría de la primera versión, ni siquiera la lírica que debía acompañar las escenas entre la bella y la bestia. No obstante, y si conseguimos soportar el tedio de la primera media hora, podemos disfrutar con escenas bien logradas, mezcla de animatronic y transparencias. Sin embargo, es justo realizar una advertencia previa: si usted vio en su niñez la primera versión le recomendamos que siga conservando en su memoria esa versión; no la adultere. En esta ocasión y a pesar de los muchos años transcurridos, los efectos especiales no impresionan a nadie y hasta me atrevería a asegurar que son lo peor del filme. El robot Kong es tan pasivo que nos parece casi siempre una escayola gigante, e incluso cuando podemos ver su cabeza en primer plano no resiste un análisis ni bondadoso.

La historia, ya lo hemos dicho, es tediosa durante los primeros 30 minutos, aportando un sentido del humor que no comprendemos, o que ni siquiera existe. Después se remonta, más que nada gracias a la presencia de Jeff Bridges como el héroe noble, y a Charles Grodin en el insensible ejecutivo.

Hay otras cosas salvables, como la música evocadora de John Barry, de verdadero carácter cinematográfico, o el actor que se enfunda el uniforme de gorila, quien en ocasiones le imprime una personalidad real a Kong, haciéndole más simpático que en las anteriores películas. En resumen, como lo bueno también pesa, recomendamos su compra en DVD, más que nada para ver si el cine ha evolucionado tanto como creemos.

QUEEN KONG
(1976)

Director: Frank Agrama
Guión: Frank Agrama, Robin Dobria,

Intérpretes:
ROBIN ASKWITH: Ray Fay
RULA LENSKA: Luce Habit
VALERIE LEON: High
LYNDA HAYDEN

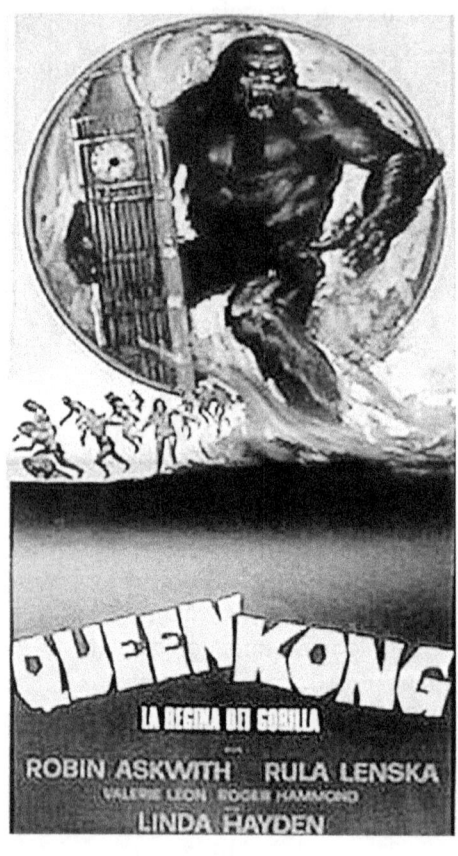

Aunque casi desconocida, *Queen Kong* quizá sea reconocida por algunos aficionados como la peor de todas aquellas películas basadas en un monstruo gigantesco, en este caso King Kong. Bien, para juzgarla de una manera suave podíamos mencionarla como la película-basura, sin excusas. No tiene encanto, ingenio y ni siquiera es entretenida, cualidad esta que debe ir unida imprescindiblemente a cualquier filme, por malo que sea.

Creo que el problema está en haber hecho caso de aquellas feministas disgustadas porque se hubiera creado un monstruo tan macho como King Kong y nadie hubiera pensado en darle una réplica femenina, con carmín y sujetador incluido. Nosotros ya hemos tenido que soportar a Supergirl y a Catwoman, pero al lado de esta película son toda una obra de arte.

Los primeros 30 minutos parecen demostrarnos que no había nadie detrás de la cámara, que se filmaba por algún medio automático, por lo que las escenas no contienen ningún elemento de interés. Pasados esos minutos por fin aparece nuestra Reina Kong, rumbo a Londres y más concretamente al Parlamento, aunque en ese momento se vislumbra el primer helicóptero de juguete. También vemos a nuestra protagonista haciendo un alegato feminista, justo antes de que se desencadene lo que el director debió considerar como la batalla final, precisamente cuando ya no debía quedar ningún espectador en la sala.

Sin que sirva como ejemplo, es la primera vez que no le recomendamos comprar un DVD.

KING KONG VIVE
(1986)

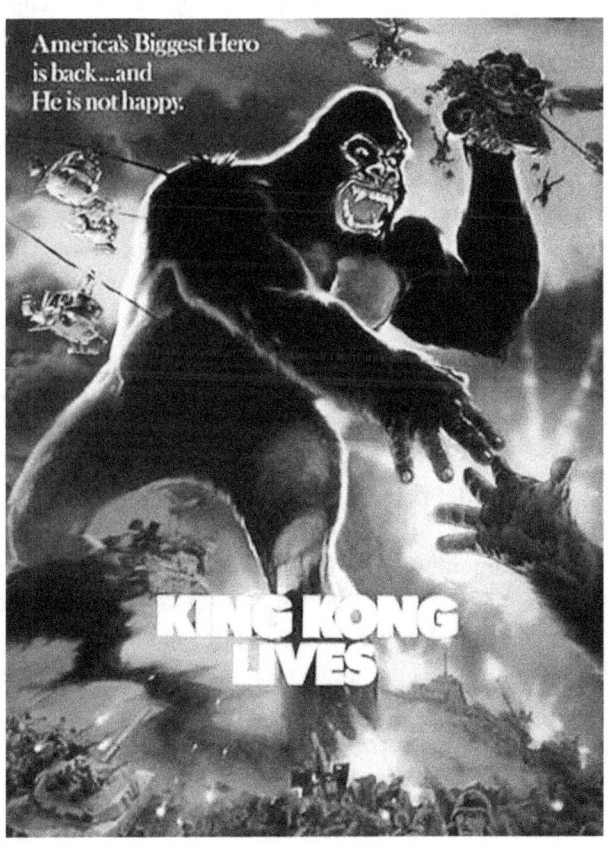

Director: John Guillermin
Productor: Dino De Laurentiis
Guión: Steven Pressfield

Intérpretes:
BRIAN KERWIN: Hank
LINDA HAMILTON: Amy
JOHN ASHTON: Nevitt

De nada sirvieron los buenos propósitos del director Guillermin y del productor De Laurentiis para realizar una obra memorable, que sirviera al menos para corregir los errores de la anterior entrega. El problema es que el filme aburre demasiado, y ni siquiera las desventuras del gran gorila y su chica nos logran enternecer. No es que esperemos en una película de monstruos que nos aterroricen como si fuera una historia de Michael, Jason o Freddy, pero al menos esperamos sentir algo en el estómago cuando avanza sonoramente hacia los infelices humanos.

Implantar un corazón artificial a un gigante muerto parece una buena idea si la doctora es tan guapa como Amy Franklin (Linda Hamilton), pero todos sabemos que se dispone de muy poco tiempo para lograrlo. Entretanto, en las selvas de Borneo, el cazador Hank Mitchell (Brian Kerwin) encuentra una Kong hembra, por lo que comunica alborozado que ella puede proporcionar toda la sangre necesaria a King Kong durante la operación.

La nueva heroína que sustituye a Jessica Lange es Linda Hamilton, a quien recordamos ahora por su papel en *Terminator*, pero indudablemente no consiguió mucho trabajo después de esta película. Y es que el principal problema es que resulta aburrida, con actores correctos que nada pueden hacer para evitarlo, e incluso los extras que intervinieron en la película original actuaban con mayor impacto, al menos cuando gritaban de pavor. En palabras de un comentarista, es como si todos hubieran actuado bajo los efectos de un sedante.

Según nos explican, cuando finalizó la anterior película, con el gorila espachurrado en el asfalto y el corazón latiendo lentamente hasta extinguirse, realmente no había muerto, y suponemos que alguien tendría un fonendoscopio para demostrarlo. Pero he aquí que el corazón solamente estaba un poco somnoliento, por lo que el gorila fue conducido rápidamente a un centro universitario fuera de Atlanta, donde quedó en coma durante una década, en espera de un corazón artificial. Bueno, al menos les agradecemos que no lo hayan revivido mediante un cerebro positrónico o algo similar. Después, una vez que King Kong está casi restaurado, surge el amor entre él y la hembra, más que nada porque no había otra donde elegir. Pues menos mal que no tuvieron un hijo, ya que ahora tendríamos de nuevo al hijo de Kong en las pantallas.

CONGO
(1995)

Director: Frank Marshall
Guión: John Patrick Shanley
Basada en la novela de: Michael Crichton
Efectos especiales: IL&M

Intérpretes:
DYLAN WALSH: Peter Elliot
LAURA LINNEY: Karen Ross
ERNIE HUDSON: Monroe Kelly
TIM CURRY: Herkermer Homolka

Un buen argumento en el cual, sin que sepamos la causa, se han exagerado hasta caer en el ridículo el carácter de sus personajes. El primero es Joe D. Baker, un potentado financiero que necesita un diamante africano muy especial para construir un arma de rayos láser para dominar con ella las telecomunicaciones vía satélite. Según nos comentan, su hijo Charlie parece haber descubierto una mina de esos diamantes en África, pero

71

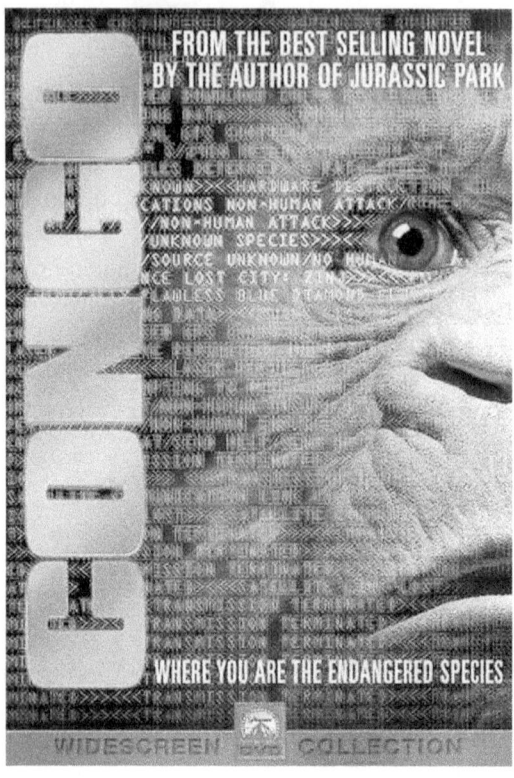

cuando iba a comunicar su emplazamiento exacto se cortaron bruscamente las comunicaciones, y existen indicios de que está muerto.

Peter convence a Karen (Laura Linney), para que vaya a la selva con él para averiguar lo que pasó a Charlie, y encontrar los diamantes. Ella sospecha que para el padre son más importantes los diamantes que su hijo y le avisa de las consecuencias si su temor se llegase a confirmar.

Y ya tenemos a nuestros protagonistas metidos dentro de esa aventura, junto con un chico que ha logrado hacer hablar a una mona mediante un sintetizador de voz acoplado. Se supone que ese pequeño simio será capaz de hacer reflexionar a los otros monos asesinos que parece ser guardan celosamente la mina de diamantes. También aparecen otros complejos protagonistas, como ese filántropo rumano que anda desde hace años tras la ciudad perdida de Zinj, algo así como las minas del Rey Salomón. Por si fuera poco, nos ponen a los expedicionarios en un país en guerra civil, como ya es habitual en todas las películas ambientadas en África, y podemos ver a los irracionales y malvados nativos haciendo estragos.

MI GRAN AMIGO JOE
Mighty Joe Young (1998)

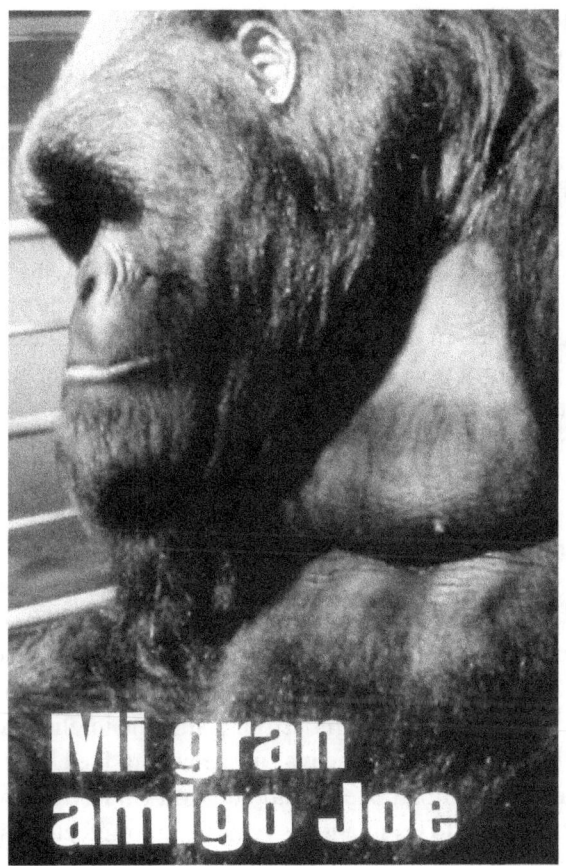

Director: Ron Underwood
Guión: Merian Cooper, Ruth Rose

Intérpretes:
BILL PASTÓN; Gregg
CHARLIZE THERON: Jill
RADE SERBEDZIJA: Andrei

73

Jill Young se nos muestra aquí como una homóloga de Dian Fossey, una experta en primates que dedica su vida a proteger a Joe, un gigantesco gorila mutante que descubrió cuando era niña. Pero su plácida vida se trunca cuando unos cazadores furtivos reiteran su deseo de quedarse con el animal, aunque no cuentan con la oposición del simio, tan grande que parece mentira que necesite que le cuiden. Nuestro gorila no es ahora monstruoso y ni siquiera mata por placer, ya que en su interior alberga un animal sensible que desea que le dejen en paz, simplemente. De no ser así, su capacidad de destrucción es muy alta.

Joe, con sus cuatro metros y medio de altura, tan salvaje y destructivo como cariñoso, acaba suelto por la ciudad y para evitar que lo capturen, Jill y Gregg idean un plan, que no les contaremos. Lo único que les podemos adelantar es que la bestia nuevamente es seducida y pacificada por la bella.

Con una tecnología en efectos especiales muy acertada, podría funcionar bien la historia si no hubiera estado dirigida a los niños, algo que es razonable admitir en un filme de la factoría Disney.

Charlize Theron es una de las últimas rubias estupendas que nos han llegado, pero en esta ocasión no podemos aplaudirla. Su trabajo es inferior al de este pequeño Kong, remake de *El gran gorila*, pues aunque nos la muestren como una inteligente y combativa investigadora americana, no se adapta bien a los efectos especiales. Sin embargo, el trabajo de Ron Underwood mezclando adecuadamente las imágenes reales con los efectos especiales es todo un acierto, siendo la parte más destacable del filme. Además, se le ve su empeño en aportar ideas nuevas, no haciendo guiños a las anteriores historias de King Kong.

ANIMALES PREHISTÓRICOS

No se crea ni un momento más esa estúpida teoría del gran meteorito que asoló nuestro planeta hace 65 millones de años, puesto que no resiste un análisis serio, ni mucho menos en broma. Si ni siquiera se han puesto de acuerdo en si los dinosaurios eran animales de sangre caliente, ni si verdaderamente provienen de los reptiles (ninguno se arrastraba por los suelos), menos podemos creerles cuando nos hablan de ese cambio climático que solamente les debió afectar a los dinosaurios. El resto de los seres vivos debían tener alguna especie de coraza protectora o se podían alimentar del aire, pues pudieron sobrevivir sin problemas a este cataclismo que, curiosidades de la vida, nunca más volvió a ocurrir. Es como el diluvio universal, vamos; uno y no más.

Indudablemente desaparecieron hace algunos millones de años, y gracias a los restos hallados ya en casi todo el mundo podemos saber que evolucionaron desde especies pequeñas hasta esos mastodontes que el cine nos ha mostrado con cierto realismo. Les podemos emparentar con distintas especies de hoy, pues los había con cierto parecido a las aves, otros a los reptiles, algunos a los cocodrilos, e incluso con cierto parecido a las tortugas y lagartos. Su cerebro, en proporción era mayor que en los reptiles, sobre todo en los dinosaurios carnívoros.

El más emblemático de todos es el Tiranosaurio Rex, cuyo solo nombre nos hace temblar, dotado de una gran cabeza que le hacía especialmente veloz en la carrera, aunque torpe para frenar y recuperar el equilibrio; además de poseer dos pequeñas patas delanteras, dos enormes traseras y una mandíbula apta para desgarrar carne.

PELÍCULAS

GERTIE, EL DINOSAURIO
Gertie, the dinosaur (1909)

Producida, dirigida y animada por: Winsor McKay

Intérpretes:
WINDSOR McKAY
GEORGE MCMANUS

Una de las primeras películas filmadas y también una de las primeras que nos mostraba a los dinosaurios animados. Anteriormente McKay había realizado "El pequeño Nemo" e "Historia de un mosquito", ambas muy realistas para los medios disponibles. Sin embargo, *Gertie el Dinosaurio* fue universalmente el primer cortometraje animado popular, y también el primero en aprovecharse de las posibilidades de los dibujos para crear imágenes imposibles de lograr con los fotogramas. Originalmente, Gertie fue producido como reclamo de un espectáculo de variedades en donde un 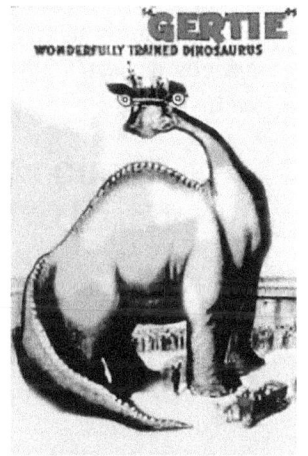 actor vivo (normalmente el propio McKay) daba desde fuera instrucciones a Gertie que él seguía fielmente, aunque en ocasiones se comportaba traviesamente. El interlocutor también interactuaba con Gertie; en un momento dado, por ejemplo, tiraba una pelota roja a la pantalla que aparecía súbitamente en los dibujos, siendo cogida por el dinosaurio. La unión entre ambos elementos estaba muy conseguida y parecía que realmente los dibujos animados obedecían las órdenes de McKay.

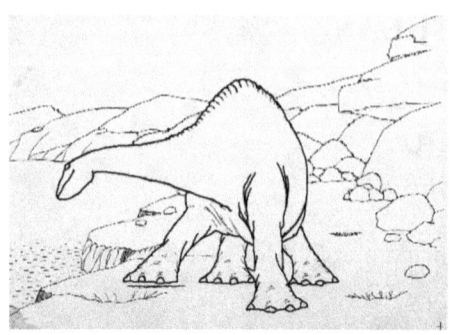

Tal fue el éxito que poco después se mostraba en las salas de cine, aunque contenía un prólogo en donde McKay acepta una apuesta de sus compañeros caricaturistas para crear un dinosaurio viviente. En esta versión, un McKay animado aparece con Gertie, realizando un repertorio de trucos.

El argumento nos habla de McKay, quien después de visitar un museo de Historia Natural con sus amigos, les comenta que va a volver a la vida a un gran brontosaurio cuyo esqueleto ha admirado en dicho museo. No sabemos en esta ocasión cómo lo hace, pero algún tiempo indeterminado después presenta a sus amigos a Gertie, un simpático diplodocus que le obedece sin rechistar.

EL MUNDO PERDIDO
Lost World (1925)

Director: Harry O. Hoyt
Director técnico: Willis H. O'Brien
Basada en una novela de: Sir Arthur Conan Doyle

Intérpretes:
BESSIE LOVE: Paula White
LEWIS STONE: John Roxton
WALLACE BEERY: Challenger
LLOYD HUGHES: Edward E. Malone

Esta película ha sido durante mucho tiempo una de mis favoritas mudas, aunque se estrenó en los años 30. En ella había también muchas escenas con humanos, y ahora la podemos ver coloreada bajo el sello Turner Classic Movies con subtítulos, con

78

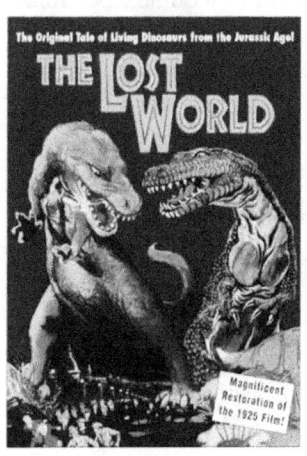

escenas especiales que muestran partes recuperadas del final, así como un corto de Willis O'Brien, y un trailer original. Sin embargo, para muchos la mejor versión es aquella que está simplemente teñida de naranja, con los subtítulos originales, y sin música de fondo. De cualquier modo, todavía es una buena película.

Estamos seguros que la mayoría de las películas de King Kong y Parque Jurásico tienen una deuda con *El mundo perdido* original, la pionera en mostrar a estos monstruos gigantes. Basada en una fantasía de aventuras escrita por Arthur Conan Doyle, es la historia de un científico inconformista (Wallace Beery), quien encuentra una tierra que el tiempo ocultó en las profundidades de las selvas del sur de América. Con su descubrimiento regresa a Londres, pues ha capturado a un brontosauro para demostrarlo. Su expedición incluye a Bessie Love, la hija de un explorador que desapareció en la expedición anterior, y al cazador Lewis Stone. Las estrellas indudablemente quedan todas eclipsadas por los dinosaurios de Willis O'Brien, unos sencillos modelos movidos mediante fotograma a fotograma. Ahora los vemos escasamente realistas, pero estos efectos especiales iniciaron una época en el cine, sobre todo ese brontosaurio pesado que alborota por las calles de Londres.

Pocos años después el negativo había desaparecido, aunque David Shepard reconstruyó la película utilizando el material cinematográfico disponible, exactamente ocho copias que encontró en diferentes lugares, las cuales limpió y restauró. El resultado final proporciona un metraje superior al original en un 50%, y aunque no está completo es más largo que cualquiera de las versiones que se exhibieron en 1925. La diferencia no está solamente en las escenas restauradas, sino en que se ha rellenado el metraje con escenas anteriormente desechadas.

La restauración incluye una banda sonora ejecutada por una orquesta dirigida por Robert Israel (agradable y eficaz), 13 minutos de animación efectuados por O'Brien (incluyendo un par de fotografías de O'Brien manipulando las maquetas), y un comentario de Arthur Conan Doyle.

EL MONSTRUO DE TIEMPOS REMOTOS
The beast from 20.000 fathoms (1953)

Argumento: Ray Bradbury
Efectos especiales: Willis Cook
Efectos técnicos y maquetas: Ray Harryhausen
Director: Eugene Lourie

Intérpretes:
PAUL CHRISTIAN: Tom Nesbitt
PAULA RAYMOND: Lee Hunter
KENNETH TOBEY: Coronel Evans
LEE VAN CLEEF: Cabo Stone

Primera película de éxito sobre monstruos prehistóricos que sirvió de pauta para la larga saga posterior. Como siempre, buenas maquetas y momentos memorables como el ataque al parque de atracciones.

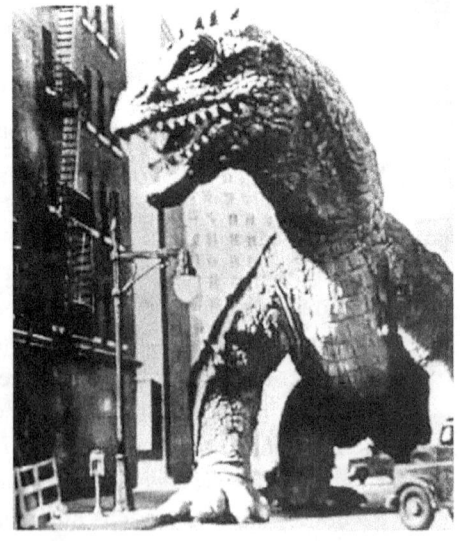

El filme tuvo un costo para La Mutual Pictures de 210.000 dólares, demasiado poco para lo que necesitaba Ray Harryhausen, aunque asumió el desafío. Basándose en el libro "Future Tense" de John Brosnan, fue la primera película donde estuvo como director de los efectos especiales, siendo también la primera en la cual desarrolló una técnica simplificada para combinar a los modelos animados con los fondos vivos. Debido al presupuesto, no pudo permitirse el lujo de una técnica complicada y cara de usar, tales como las pinturas combinadas con la proyección en una pantalla trasera de las miniaturas, tal y como se hizo en *King Kong*.

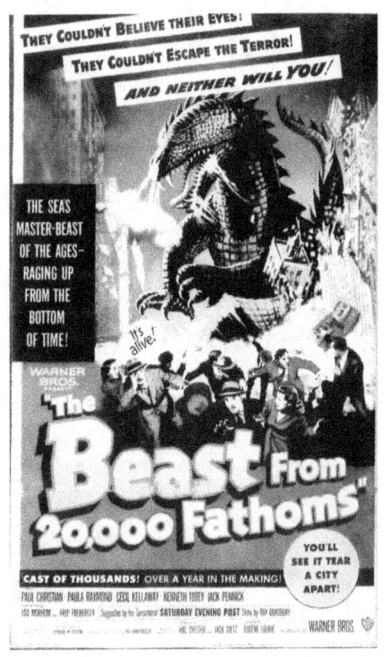

Harryhausen desarrolló un sistema de traveling que disminuyó los costos y que produjo una imagen impresionante. La Mutual vendió la película a la Warner Bros., y allí le añadieron algunas escenas y realizaron una impresionante campaña publicitaria. Posteriormente fue una de las primeras películas que se mostraron por televisión, generando unos beneficios de 5 millones de dólares en su estreno y una legión de imitadores.

El protagonista es un dinosaurio prehistórico liberado de una tumba del Ártico por una prueba nuclear y podríamos considerarla como la primera película en que una criatura o fue reavivada o se deformó por una bomba atómica. La bestia intenta volver a su tierra caminando por el fondo del mar o a través de tierras desérticas, pero cuando llega a su destino se encuentra con la ciudad de Nueva York. Enfurecida, destruye parte de la ciudad, aunque es aniquilada mediante un isótopo radiactivo en un parque de atracciones.

IT CAME FROM BENEATH THE SEA
(1955)

Director: Robert Gordon
Guión: Hal Smith

Intérpretes:
KENNETH TOBEY: Pete Mathews
FAUTH DOMERGUE: Lesleyl Joyce
DONALD CURTIS: John Carter

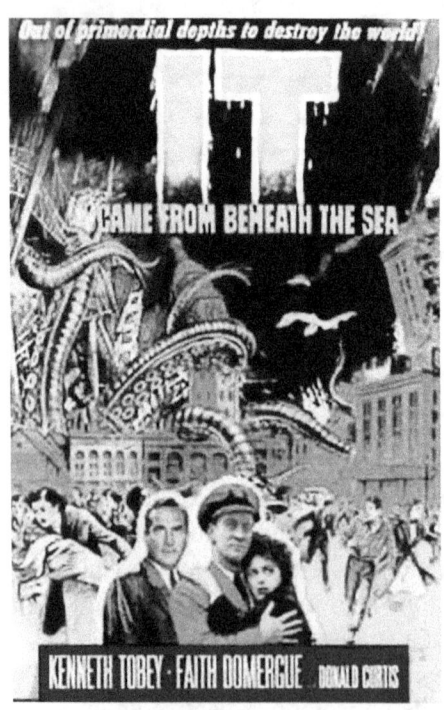

Parte del éxito de Ray Harryhausen es debido al hecho de que pudo formar una sociedad con el productor independiente Charles Schneer, con quien produjo esta cinta y otras muchas, salvo *Animal World* y *Hace un millón de años*. Podemos pensar que su talento tendría que haber atraído a multitud de productores, pero un examen superficial de la carrera de Willis O'Brien (su maestro), nos deja ver que numerosos proyectos nunca salieron de la mesa de dibujo debido a la falta de apoyo financiero. Solamente por este motivo Charles Schneer tiene ya un lugar permanente en la historia del cine.

Este filme también demostró la inventiva de Harryhausen bajo situaciones difíciles. La historia es similar a *El monstruo de tiempos remotos*, aunque ahora se trata de un pulpo gigante que debe buscar la comida en otro lugar a causa de las pruebas atómicas en el océano. El lugar elegido es un gran mercado del marisco en San Francisco, a donde miles de humanos acuden a comprar. Pero Harryhausen no consiguió el permiso para rodar allí, así que tuvo que hacerlo furtivamente, montando la cámara en un gran camión, por lo que al menos los extras le salieron gratis

Para lograr un mayor realismo en la destrucción del centro de San Francisco, construyó también un tentáculo grande para dar la ilusión de un tamaño mayor y mejorar los detalles. Utilizó por supuesto un pulpo auténtico (rodado a cámara lenta), pero sus movimientos terminaron por romper el tanque de agua, utilizando con mayor frecuencia un pulpo seco y bien muerto al que le untó la piel de glicerina para darle un aspecto mojado. No obstante, no se llamen a engaño por las dificultades que tuvo que pasar, pues probablemente esta sea su peor película, aunque también se quiere llevar el premio "Simbad y el Ojo del Tigre".

LOS HIJOS DEL VOLCÁN
Rodan, The Flying Monster (1956)

Director: Inoshiro Honda
Guión: Takeshi Kimura, Tadeo Murata
Efectos especiales: Eiji Tsuburaya, Akira Watanabe
Música: Akira Ifukube

Intérpretes:
KENJI SAHARA
YUMI SHIRAKAWA
AKIHIKO HIRATA

Fue el primer monstruo japonés en color y con seguridad el segundo con mayor éxito de la productora Toho, rivalizando con Godzilla. Este pterodáctilo que puede volar a velocidad supersónica se originó a causa de una explosión atómica, saliendo de un cascarón que se encontraba en una mina de carbón. Allí se des-

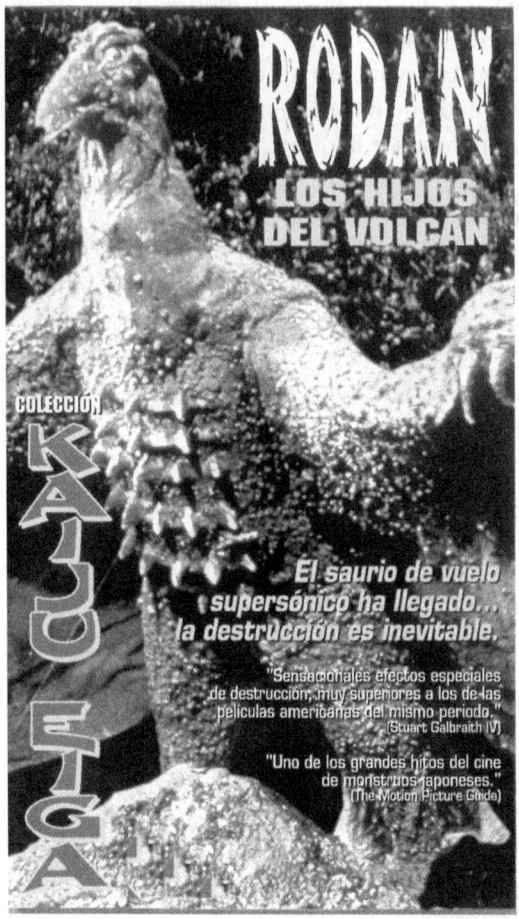

arrolló comiendo un enjambre de larvas Meganuron y poco después estaba ya asolando Japón. Sus gritos chillones anuncian su llegada, pero también sirven para delatar su guarida en el monte Aso, donde se encuentra la compañera que ha puesto nuevos huevos. Afortunadamente, la erupción del volcán que les alberga les incinera y todo el mundo pudo respirar tranquilo... hasta que en 1965 revivió como un monstruo benefactor para asociarse nada menos que con Godzilla.

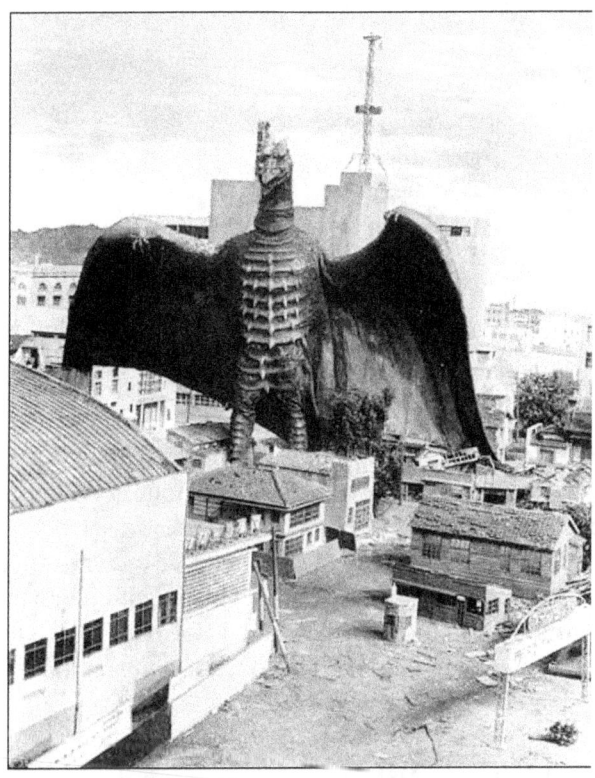

Los efectos especiales son impresionantes, sobre todo la erupción volcánica, los terremotos y la muerte de los monstruos en la lava, así como el duelo entre el gigantesco pájaro y los aviones del ejército. El vuelo, el aterrizaje y los ataques del pterodáctilo Rodan, están realizados con gran realismo, siendo especialmente intensas y terroríficas las escenas del ataque de las larvas en la mina y el primer enfrentamiento con el ejército.

El deseo de la productora era corregir los errores anteriores y retomar los éxitos del primer Godzilla, por lo que asumió este proyecto más intrépido. Un acierto fue combinar la escena de los dos aviones a reacción con los dos Rodan que vuelan a altas velocidades, consiguiendo un efecto insólito. También son notorias las escenas de la mina, cuando se hunde y abre una puerta al

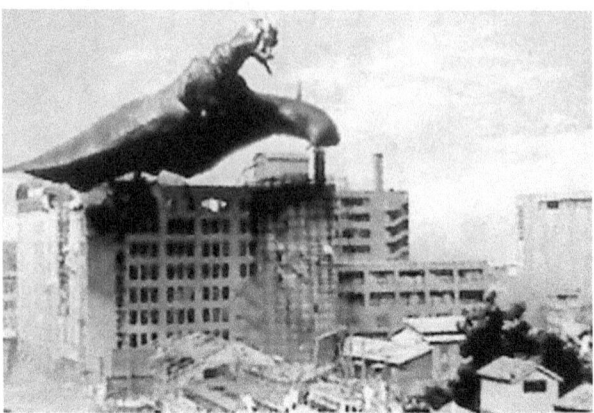

pasado prehistórico, dejando a varios mineros atrapados mientras les rodean insectos gigantes que bloquean la entrada del equipo de rescate. Todo hubiera quedado en un susto si algunos insectos no se hubieran escapado para hacer una incursión en el pueblo, hecho que coincidió con el avistamiento de dos OVNIs volando a altas velocidades encima del Pacífico. Dos aviones de combate van en su busca, pero los objetos son aún más rápidos.

THE LOST WORLD
(1960)

Productor: Irwin Allen
Director: Irwin Allen
Guión: Charles Bennet
Efectos especiales: Willis O'Brien

Intérpretes:
MICHAEL RENNIE: Lord Roxton
JILL ST. JOHN: Jennifer
DAVID HEDISON: Ed Malone
CLAUDE RAINS: Edward Challenger

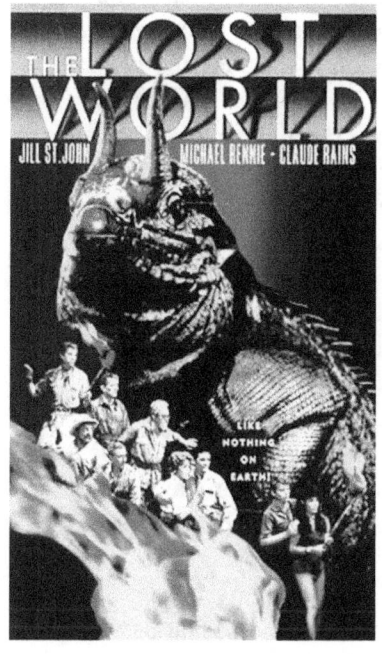

Las primeras imágenes nos muestran a un volcán, seguido de un avión realizando un aterrizaje forzoso en un lugar inhóspito. En ese lugar habitado por nativos existe una superstición que aconseja no aventurarse por ciertos lugares, pues existen espíritus terribles. Realmente se trata de dinosaurios, pero los aborígenes todavía no han estudiado la prehistoria y prefieren mencionarlos como grandes y temibles animales enviados por los dioses.

La historia básica es de Arthur Conan Doyle, uno de los escritores que más interés puso en describir a estos enormes mastodontes, pero salvo el interés por contemplar actores tan correctos como Rennie (Ultimátum a la Tierra) y Rains (Casablanca), la cinta no aporta nada nuevo, ni siquiera en los efectos especiales. O mucho nos equivocamos o esos dinosaurios son simplemente lagartos enfocados a unos centímetros, aunque resulta agradable verlos ocupando toda la pantalla, comiendo y bebiendo el aire.

DINOSAURUS!
(1960)

Director: Irvin S. Yeaworth Jr.
Guión: Dan E. Weisberg y Jean Yeaworth

Intérpretes:
WARD RAMSEY: Bart Thompson
KRISTINA HANSON: Betty Piper
FRED ENGELBERG

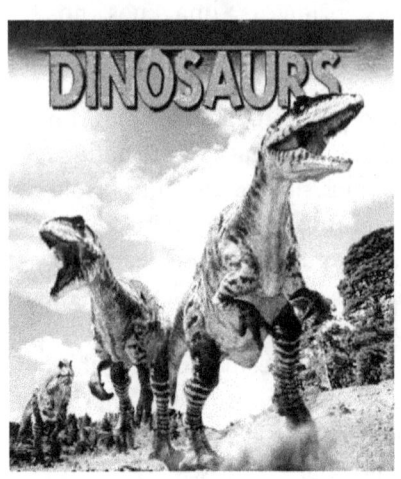

Bart y su capataz Chuck están llevando a cabo una perforación marina en una pequeña isla caribeña cuando una nativa, Betty Piper, entra con su barco en la zona. Esto indudablemente es muy peligroso para ella, por lo que Bart corre en una lancha para advertirla, justo cuando un pequeño maremoto tiene lugar, dejando al descubierto varios dinosaurios congelados. Una vez que son sacados a la superficie el deshielo comienza, descubriéndose junto a ellos a un cavernícola vivo, aunque también reviven un tiranosauro y un brontosauro, comenzando una loca carrera por la supervivencia.

Ahora los científicos nos aseguran que los dinosaurios y los humanos nunca vivieron en la misma época, pero el cine siempre insistió en que convivieron juntos, aunque más concretamente habría que decir que pelearon. Bueno, pues ahora nuestro hombre de Neandertal asiste aturdido a esos saltos en el tiempo, descubriendo las maravillas de la civilización, mientras se esconde del veloz y hambriento tiranosauro.

Todo esto hubiera dado lugar a una buena película si al menos los efectos especiales hubieran sido buenos, pero son poco menos como nuestro hombre de las cavernas: prehistóricos.

20 MILLION MILES TO EARTH (1957)

Director: Nathan Juran
Guión: Charlotte Knight

Intérpretes:
WILLIAM HOPPER: Robert Calder
JOAN TAYLOR: Marisa Leonardo
FRANK PUGLIA: Dr. Leonardo

Desde que el mago de los efectos especiales Ray Harryhausen inventó el "Dynamation", el proceso para recrear grandes criaturas se simplificó y se hizo más eficaz. En esta película nos hablan de una nave espacial americana volviendo a la Tierra después de una misión a Venus, cayendo en el mar cerca de Sicilia. Hay un solo sobreviviente, Robert Calder, pero también le acompañaba un espécimen que crece rápidamente, asumiendo un aspecto de reptil bípedo 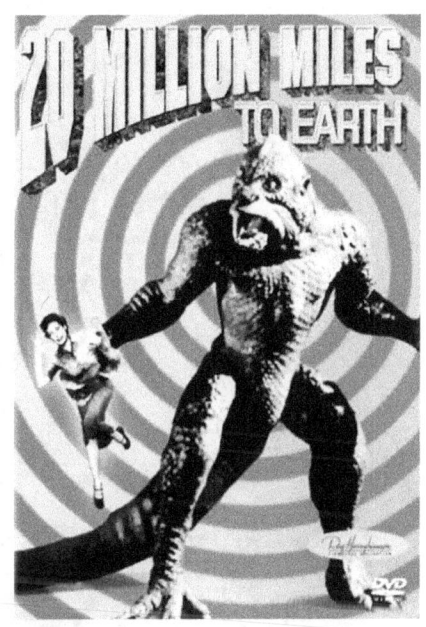 de nombre Ymir. Una vez adulto se escapa y llega hasta Roma, donde ocasiona un gran desastre que debe ser detenido por el ejército.

La película podemos considerarla como un escaparate de las habilidades de Harryhausen y como tal verla, pues el resto es sencillamente mediocre. La dirección por Nathan Juran es superficial (colaboró posteriormente con Harryhausen en *El Séptimo Viaje de Simbad*), y los actores tampoco desarrollaron grandes habilidades. El apoteósico y triste final, con la bestia herida aferrándose a las paredes desmenuzadas del Coliseum, es al menos una secuencia digna de recordarse por su simbolismo.

VIAJE AL CENTRO DE LA TIERRA
Journey to the center of the earth (1959)

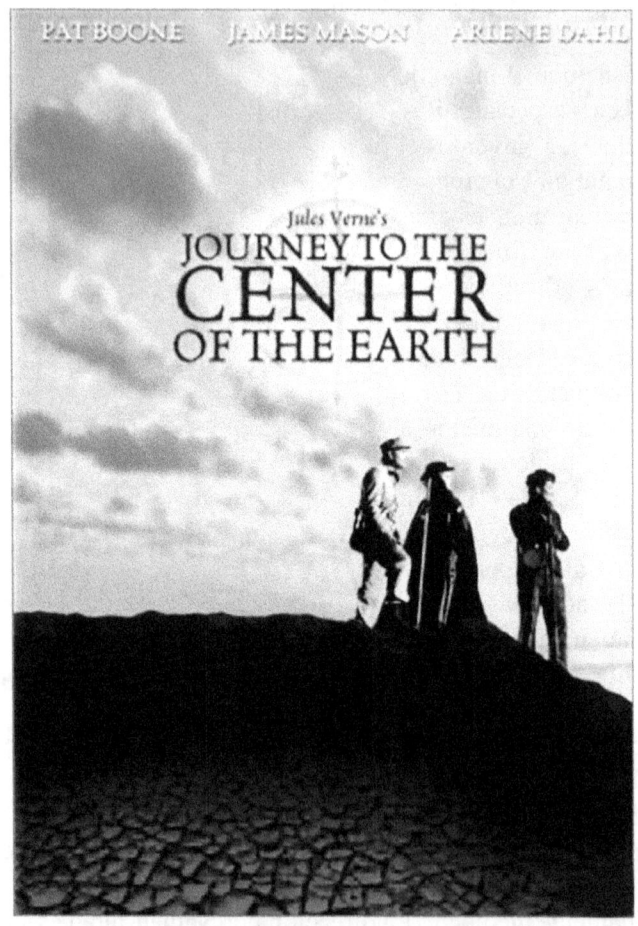

Decorados: Walter M. Scott
Director: Henry Levin
Efectos especiales: I. B. Abbott
Guión: basado en una novela de Julio Verne

Intérpretes:
JAMES MASON: Lidenbrooke
ARLENE DAHL: Carla
PAT BOONE: Alec McEwen
DIANE BAKER: Jenny

Nuevamente Julio Verne aporta una base argumental sólida, ahora con una historia que nos cuenta la epopeya que unos aventureros emprenden en busca del supuesto paraíso que existe en el centro de la Tierra. Allí la vegetación, el agua y la atmósfera deben ser perfectas, pues se trata de un lugar que anteriormente ningún ser humano ha conocido ¿o sí? Pronto los expedicionarios tienen todo dispuesto, y aunque carecen de la vestimenta y los utensilios necesarios poseen un arma infalible: el tradicional humor inglés. De este modo, los problemas se convierten en simples inconvenientes, el calor se soluciona quitándose algo de ropa, y la claustrofobia con un poco de romance.

Todo ello nos lleva a disfrutar de una encantadora película, con adecuados decorados (algunos son grutas reales) y con un reparto tan correcto que nos pone la guinda de la satisfacción. La conclusión es que se trata de la mejor versión sobre la popular novela de todas cuantas se han realizado. Como curiosidad, la habilidad para convertir a lagartos auténticos, debidamente maquillados, en gigantescos monstruos antidiluvianos.

Sin embargo, aunque el argumento ofrece numerosas posibilidades, el guión se queda en la superficie, centrándose más en la aventura pura que en los personajes. El viaje hasta Islandia de ese científico misógino, quien se rodea de ayudantes fuertes para entrar en un volcán apagado, así como las quejas frecuentes de esa mujer viuda asexuada, contrasta con el desnudo parcial de Pat Boone y su torpeza mental. Más acertadas son las luchas contra los champiñones gigantes y las iguanas, así como el descubrimiento de un templo perteneciente a la Atlántida, igual que la brusca subida en un cuenco grande diseñado para los sacrificios al dios de la serpiente, hasta la superficie del volcán. Boone, de nuevo se nos desnuda cuando aterriza en un árbol rodeado de monjas, aportando una nota alegre, aunque nos quedamos con las ganas de ver si la guapa Arlene Dahl escondía unas piernas debajo de tanta falda.

Hubo otra versión para la TV, con aceptables resultados.

LA ISLA MISTERIOSA
Mysterious Island (1961)

Director: Cy Endfield
Guión: John Prebble

Intérpretes:
MICHAEL CRAIG: Cyrus Harding
JOAN GREEWOOD: Mary Fairchild
MICHAEL CALLAN: Herbert Brown
HERNERT LOM: Capitán Nemo

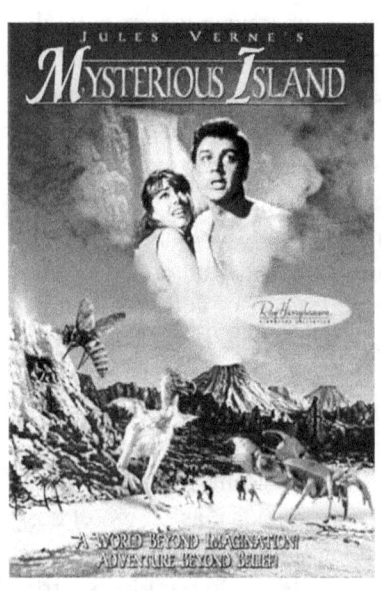

Este filme supone una continuación a la historia narrada en "20.000 leguas de viaje submarino" y un nuevo trabajo para Ray Harryhausen, lo cual le sirvió de experiencia para manejar sus trucos dentro del color, lo que en principio parecía más difícil. El problema radica en la película que figura al fondo de las maquetas, pues el color proyectado siempre es diferente al filmado, lo que ocasiona unas diferencias que suelen ser notorias. Sin embargo, pasó con matrícula de honor la novatada, especialmente en la lucha con ese cangrejo gigante, una escena difícil de mejorar, salvo con la tecnología digital.

Las criaturas de la película perecen vivas, aunque las pinturas de los paisajes se ven como lo que realmente son, pinturas. También volvemos a ver el defecto habitual de dar más importancia a los monstruos que a los propios personajes, aunque quizá no tiene demasiada importancia cuando la historia es sólida. Puesto que estaba basada en una novela de Julio Verne, la trama es correcta y solamente hace falta seguirla fielmente.

Igualmente meritoria es el ataque al campamento de ese pollo prehistórico cómico, pero ciertamente dañino. Finalmente, cuando entra en escena el Nautilus del capitán Nemo las escenas ganan en categoría y seriedad.

Harryhausen intentó resolver uno de los últimos problemas en la animación fotograma a fotograma. Strobing es el fenómeno causado cuando se filma una escena de acción que debe ir delante de una pantalla, pues los objetos en movimientos acusan el natural barrido de la escena. Esta mancha no ocurre cuando hay objetos inmóviles. Hay una escena especialmente conflictiva en donde se percibe este fenómeno, y es cuando el ataque de la abeja gigante. Jim Danforth, uno de los alumnos de Ray, resolvió este problema con sumo acierto en *Cuando los dinosaurios gobernaban la Tierra*.

HACE UN MILLÓN DE AÑOS
One Million B.C. (1966)

Guión: Mickell Novak, George Baker, Joseph Frickert
Basada en la novela de: Mikell Novak
Productor: Michael Carreras
Director: Don Chaffey

Intérpretes:
RAQUEL WELCH: Loana
JOHN RICHARDSON: Tumak
PERCY HERBERT
MARTINE BESWICK

93

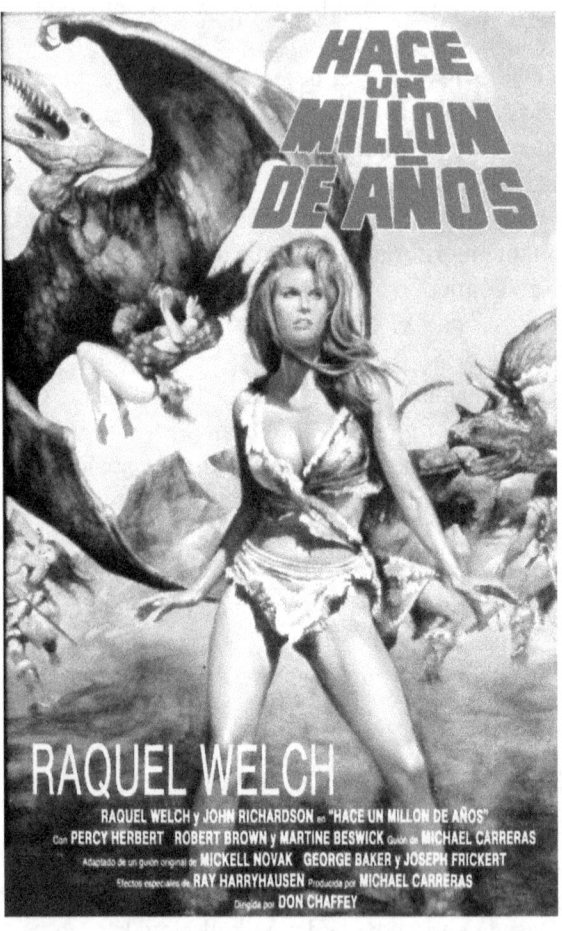

Raquel Welch debe todo su prestigio en el cine a este filme, precisamente en el que mostró reiteradamente su escultural cuerpo a los espectadores. Teniendo en cuenta que no articuló palabra alguna en la película, salvo algunos gritos, el éxito que causó entre los espectadores masculinos es doblemente significativo. Remake de una anterior película de los años 30, con Víctor Mature de protagonista (y dirigida por Griffith), la historia nos lleva a la época en la cual los dinosaurios eran los dueños del mundo, aunque ahora los paleontólogos insistan en que nunca convivieron juntos. Nosotros ya lo sospechábamos, pues nos

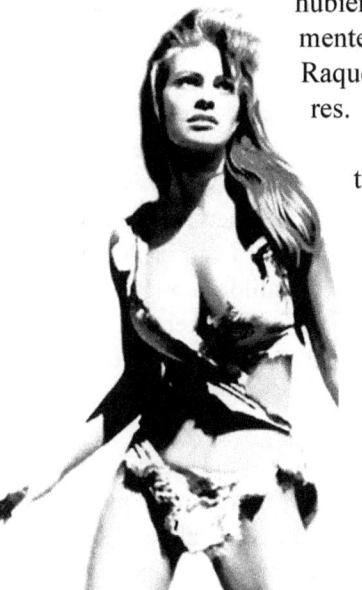

hubieran devorado en unos días, especialmente si las chicas de entonces eran como Raquel Welch y lucían unos bikinis similares.

Bien, pues en esta película hay algo tan asombroso como el cuerpo de Raquel, y son los efectos especiales de Ray Harryhausen, tan extraordinarios que hoy en día siguen siendo referencia obligada para las nuevas generaciones de expertos.

La trama nos habla de Tumak (John Richardson), uno de los cavernícolas de aspecto estúpido y comportamiento similar, de piel desgastada y parco en los gruñidos, intentando sobrevivir de los dinosaurios y los ataques de las tribus hostiles. Pronto le vemos vagando por los escenarios áridos, hasta que se encuentra con el primer dinosaurio o una tarántula gigante, que allí había de todo. Lo curioso de esa tribu es que tienen buenas lanzas, agua caliente, pinturas, y las mujeres lloran como niñas sin juguetes. Afortunadamente allí está la belicosa Loana (Welch), quien además de guapa no se deja intimidar ni por los grandes animales.

EL VALLE DE GWANGI
The Valley of Gwangi (1969)

Director: Jim O,Connolly

Intérpretes:
JAMES FRANCISCUS
GILA GOLAN
RICHARD CARLSON
FREDA JACKSON

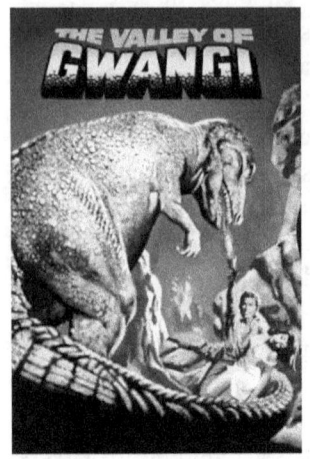

Existe un valle en Méjico, denominado Valle Prohibido de Gwangi, en el cual se dice que hay animales prehistóricos. Uno de ellos, un eohippus (pequeño caballo), ha sido apresado por Carlos, quien lo vende a un circo. Pero hay quien piensa que hay que devolverlo a su origen y dejarle vivir tranquilo, por lo que roban al animal y emprenden un viaje hasta el valle, un lugar habitado por gigantescos reptiles prehistóricos.

Con cierto parecido al legendario *King Kong*, y utilizando los efectos especiales stop-motion de Ray Harryhausen, nos encontramos una agradable película que cuenta con un mediocre argumento. El atractivo, ya lo sabemos, está en los efectos especiales, tan reales que obligó a los censores a suprimir algunas escenas, como la pelea entre Gwangi y un elefante.

Fue rodada en España, aunque para los espectadores se trata de Méjico.

CUANDO LOS DINOSAURIOS DOMINABAN LA TIERRA
When Dinosaurs Ruled the Earth (1970)

Director: Val Guest

Intérpretes:
VICTORIA VETRI
ROBIN HAWDON
PATRICK ALLEN

Agradable y bien filmada historia prehistórica, en la cual destacó la excelente figura de Victoria Vetri, perseguida por nume-

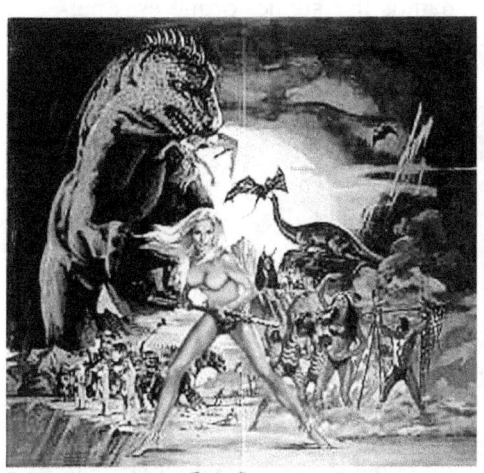

Enter an age of unknown terrors,
pagan worship and virgin sacrifice..

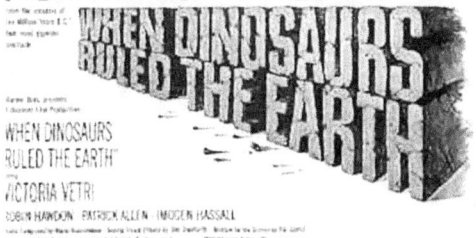

rosos amantes que deseaban darla un sustancioso bocado. La censura mutiló numerosas escenas eróticas, imposibles ya de recuperar, pero aún pudimos asistir a buenos efectos especiales a cargo de Jim Danforth. Vetri había sido portada en Playboy, aunque con el nombre de Ángela Dorian.

Las películas de la Hammer habían ganado una fama considerable en los años 50 y 60 con sus películas de horror. En medio del éxito decidieron un nuevo género, aprovechando los buenos resultados de Ray Harryhausen en los efectos especiales, reavivando las historias de cavernícolas contra dinosaurios. Después del éxito de *Hace un millón de años,* y conscientes de que unas guapas chicas en bikini siempre constituían un aliciente (los varones hacía tiempo que salían en taparrabos), iniciaron un pequeño ciclo con *Mujeres prehistóricas* y *Criaturas olvidadas por el tiempo* (1971). Para muchos aficionados esta serie supera incluso a muchas de terror, aunque siguen considerando a la trilogía de Quatermass como lo mejor de todo.

El argumento se desarrolla en el exterior, y hay una historia de amor que pretende dar justificación a las peleas con los dinosaurios, aunque como todos parecen mudos resulta demasiado cómica en ocasiones. La pregunta es bien sencilla: ¿por qué

97

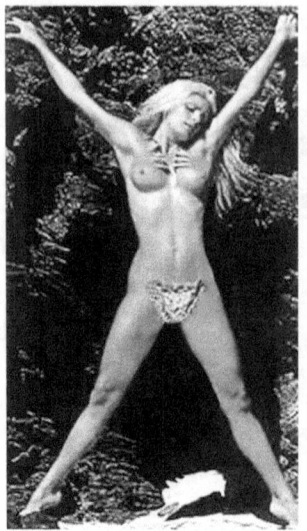 damos por supuesto que esas personas no habían desarrollado ya un lenguaje?

Respecto a los dinosaurios animados, y salvando los errores habituales en la perspectiva, son bastante reales, especialmente cuando los lugareños luchan con las llamas a su alrededor y algunas escenas con Victoria Vetri intentando acercarse al pequeño dinosaurio, sin menospreciar al pterodáctilo y los cangrejos gigantes. La película fue rodada en las Islas Canarias.

LA TIERRA OLVIDADA POR EL TIEMPO
The land that time forgot (1974)

Director: Kevin Connor

Intérpretes:
DOUG McCLUE: Bowen Tyler
JOHN McENERY: Von Schoenvorts
SUSAN PENHALIGON: Lisa Clayton Bradley

Una botella cae al océano y poco después la narración de Doug McClure nos dice que fue el 3 de junio de 1916 cuando su barco fue abatido por un buque alemán. Él y Lisa Clayton flotaron en un bote salvavidas hasta que fueron rescatados por otro barco de supervivientes que atacan al submarino hostil. Pronto se hacen con el control de ese navío, pero un sabotaje ocasiona que sigan una ruta falsa y en lugar de viajar al oeste lo hacen al sur. Los prisioneros alemanes recobran el control del barco, pero nuestros amigos liberan a los prisioneros, percibiendo entonces

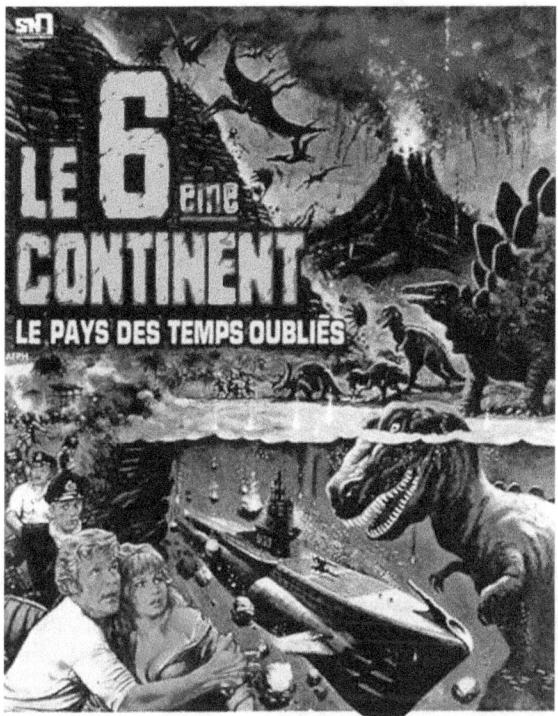

"THE LAND THAT TIME FORGOT"... DOUG McCLURE · JOHN McENERY · SUSAN PENHALIGON

que han ido a la deriva y están ya rodeados por los hielos, aunque pueden navegar por un río subterráneo. Siguiendo su curso llegan a una tierra a la que denominan como "olvidada por el tiempo", donde son atacados por un dinosaurio que arremete contra el buque, muriendo uno de los tripulantes ante el ataque de un plesiosauro. Cuando abaten al animal se alegran porque tienen comida para varios días, alegría que les dura bien poco ya que inmediatamente tienen que combatir contra un pterodáctilo, nativos belicosos, y soportar terremotos y hasta un volcán activo; todo para que el espectador no se aburra.

EL ÚLTIMO DINOSAURIO
The last dinosaurus (1977)

Director: Tom Kotani
Guión: William Overgard
Fotografía: Shoji Ueda

Intérpretes:
RICHARD BOONE: Masten Thrust
JOAN VAN ARK: Frankie Bands
LUTHER RACKLEY: Bunta

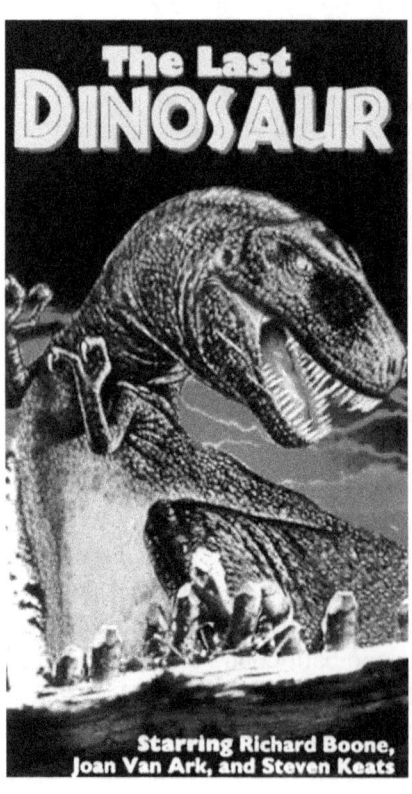

Bajo la melodía de James Bondish, y adornada con algunos efectos especiales interesantes, Richard Boone es ahora el intrépido cazador blanco que va tras un tiranosaurio. Una empresa ha descubierto su Mundo Perdido particular en un volcán del Círculo Polar Ártico, pero todos los expedicionarios murieron salvo uno y deben enviar un equipo de rescate, pues les han comunicado que han visto a un gran dinosaurio. Por supuesto, la trama se hace más suave gracias al romance entre Boone y Ark, y posee un detalle inédito al formar parte del elenco un negro considerado el corredor más veloz del mundo.

Una vez en el Mundo Perdido, todos deben adaptarse a una forma de vida primitiva, y colaborar para cazar al gran monstruo, quien tiene una gran habilidad para salir de los lugares más insólitos e insospechados. Porque puede ser grande, pero tonto en absoluto.

EL PLANETA DE LOS DINOSAURIOS
Planet of Dinosaurs (1977)

Director: James Shea
Guión: Jim Aupperle

Intérpretes:
JAMES WHITWORTH: Jim
PAMELA BOTTARO: Nyla
LOUIE LAWLESS: Lee Norsythe

Esta película no imita a *El Planeta de los Simios*, sino a otra de 1955 denominada *King Dinosaurio*. Dispone de una banda sonora de calidad y unos efectos especiales notorios, aunque hay momentos especialmente aburridos. Hay una secuencia en la que el monstruo se come a una mujer que es similar a otra de *Tiburón*, mientras que el Stiracosaurio es similar a otro de *El hijo de Kong,* y los Alosaurios se parecen a ese filme de 1925 titulado *El mundo perdido.* Aún hay más similitudes, como ese Stegosaurio igual al de *King Kong*, lo mismo que el Brontosaurio, mientras que el tiranosaurio Rex parece un hermano gemelo de

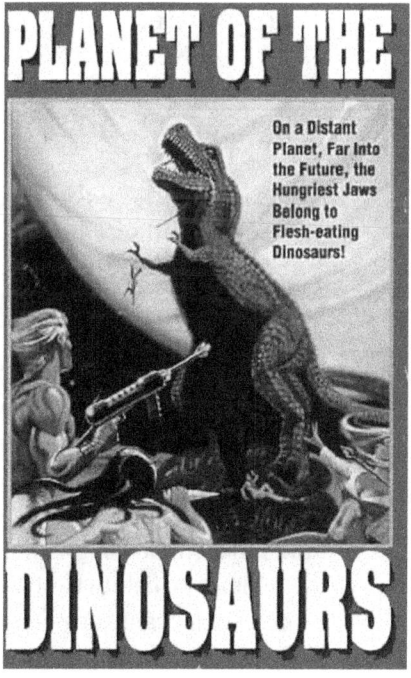

101

aquel que aparecía en *Gwangi*.

La película muestra elementos nuevos, y vemos a ese ojo que se arrastra con aspecto de pulpo pero forma de andar de una araña, o un Rhedosaurio. También son significativos los trajes de los actores y actrices, iguales a los que se llevaban en los años 70, aunque ahora deberían parecerse a unos más prehistóricos.

En resumen, casi podríamos considerarla como un conjunto de retales de otras películas adecuadamente cosidos, lo que parece ser algo deliberado, especialmente porque los carteles anunciadores se parecen a otros anteriores.

CAVERNÍCOLA
Caveman (1981)

Director: Carl Gottlieb
Guión: Rudy De Luca

Intérpretes:
RINGO STARR: Atouk
DENNIS QUAID: Lar
SHELLEY LONG:Tala

Usted puede considerarla simplemente una comedia, o recrearse con una de las parodias del cine de dinosaurios más interesantes de todos los tiempos. Por supuesto, nuestros protagonistas tampoco hablan, solamente gesticulan y gruñen; por eso, en numerosas secuencias observamos la risa contenida de los actores. Ahora la podemos ver bajo otro prisma, con mayor rigor, pero indudablemente para aquellos años fue un acontecimiento, y no solamente por la presencia del "Beatle" Ringo Starr. Ahora para reírnos es necesario algo más que una cara chistosa o un tropezón inoportuno, pero si conseguimos adoptar una mente infantil disfrutaremos con la película.

Como es habitual, los problemas de estos cavernícolas son similares a cuantos el cine nos ha ofrecido, pues solamente piensan en comer, cazar, dormir y hacer el amor, lo que no es poco.

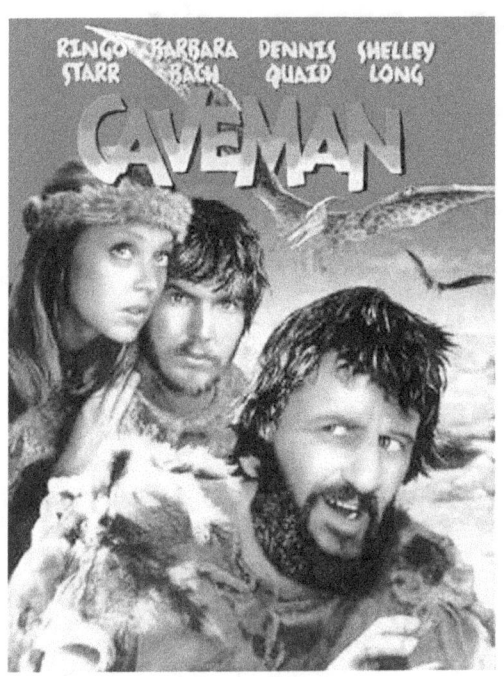

En esencia nada ha cambiado desde entonces, salvo que ahora no hay dinosaurios que nos puedan devorar, y a nuestras mujeres nos las quitan los cantantes de pelo florido o los abogados. En esta película las chicas guapas son objeto de deseo para todos, dinosaurios y jefes de otras tribus, por lo que si los varones querían dormir calientes esa noche tenían que pelear duramente.

BABY, EL SECRETO DE UNA LEYENDA PERDIDA
Baby, secret of the lost legend (1985)

Director: Bill.L.Norton
Guión: Clifford & Ellen Green
Fotografía: John Alcott
Música: Jerry Goldsmith
Efectos especiales: Philip Meador, Paul Huston

Intérpretes:
WILLIAM KATT: George Loomis
SEAN YOUNG: Susan Matthews Loomis
PATRICK MCGOOHAN: Dr Eric Kiviat

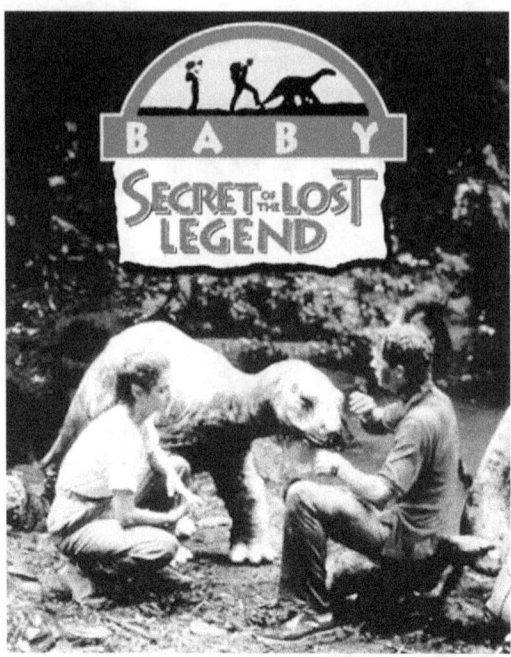

Cuando descubren un pequeño brontosauro vivo en la selva africana oriental, la paleontóloga Susan Loomis y su marido George, deben protegerla del malvado Dr. Eric Kiviat, quien pugnaba por ser el primero en encontrarla para exhibirla comercialmente. Junto a este animal está también su familia, aunque Kiviat y sus mercenarios disparan al padre y capturan a la madre, por lo que Susan y George deben ocultar y proteger al pequeño brontosauro.

Esta película de Disney no tuvo la aceptación deseada, pues era una historia para toda la familia, sin demasiadas complicaciones. También insistía en la creencia de que al tratarse de animales vegetarianos debían ser amistosos, aunque las películas más famosas fueron precisamente aquellas que hablaban de monstruos feroces.

La película es un alegato ecologista e insiste en la necesidad de proteger a las especies, pero esto que es plausible entre nosotros en el cine no es adecuado, pues ya sabemos que la maldad vende más que la bondad, y eso va también para los dinosaurios. Los efectos especiales pudieron convencernos entonces, pero en demasiadas ocasiones veíamos los trajes de caucho, y eso no es perdonable en una época en la cual Ray Harryhausen era ya un experto reconocido. Las escenas con monstruo agonizante que husmea a su compañera o del bebé jugando en el agua y con los monos indudablemente son tiernas, pero llegan a empalagar. Y es que sabemos que los perros son cariñosos y también los gatos, pero no es fácil admitir esa inteligencia y bondad en seres tan enormes, nada acostumbrados a la presencia humana. Además, existe un contrasentido cuando escuchamos decir a Sean Young eso de "Mi cuerpo, mi derecho," en un alegato a favor del aborto. En una película en la cual se habla del derecho de las especies a la vida, esa frase es increíblemente desafortunada.

La película podría estar basada en una historia real, cuando una expedición dirigida por Roy P. Mackal de la Universidad de Chicago en 1980, intentó encontrar en el Congo los restos de un animal prehistórico denominado por los nativos como mokelembembe. Según la descripción efectuada, correspondía a un brontosauro, pero nunca fue encontrado.

EN BUSCA DEL VALLE ENCANTADO (1988)

Director: Don Bluth
Productores: Don Bluth, Gary Goldman y John Pomeroy
Productores ejecutivos: Steven Spielberg,
George Lucas, Kathleen Kennedy, Frank Marshall
Guión: Stuart Krieger
Según un argumento de Judy Freudberg y Tony Geiss

Nada menos que siete historias de Piecito y sus amigos tuvieron lugar, algunas solamente para su visión en DVD. La trama es sencilla, pues nos dicen que hace miles de años, cuando el ser humano aún no existía, una pequeña manada de dinosaurios

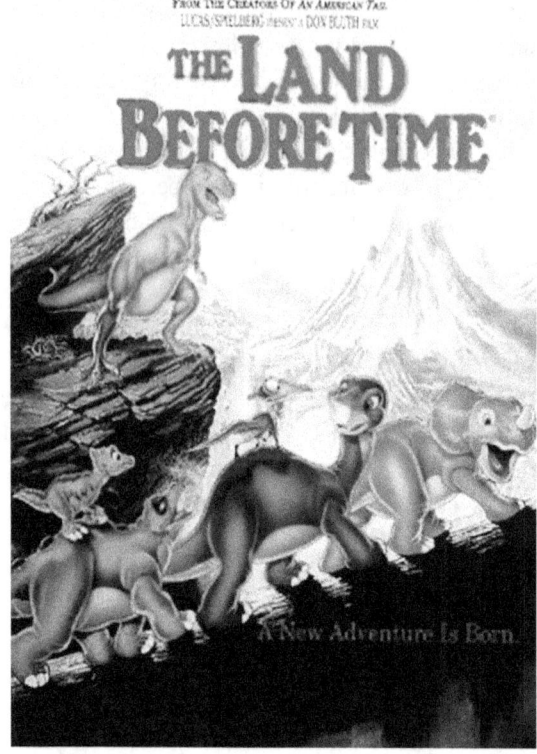

emprendieron un viaje hacia el sur, en busca del lugar idílico en donde habitaban sus abuelos.

Aprovechando el éxito de *Fievel y el Nuevo Mundo* (1986), Don Bluth y su equipo asumieron la confección de un nuevo filme, pero ahora dejando fuera cuestiones sociales o ideológicas. Técnicamente debía ser superior a todo lo anterior, algo que lograron ciertamente, pero el argumento y la música también tenían que ser de calidad, consiguiendo con todos estos elementos un filme loable. Por supuesto, el malo es el tiranosaurio, quien padece hambre crónica y no tiene piedad ni siquiera con los más pequeños.

PARQUE JURÁSICO
Jurassic Park (1993)

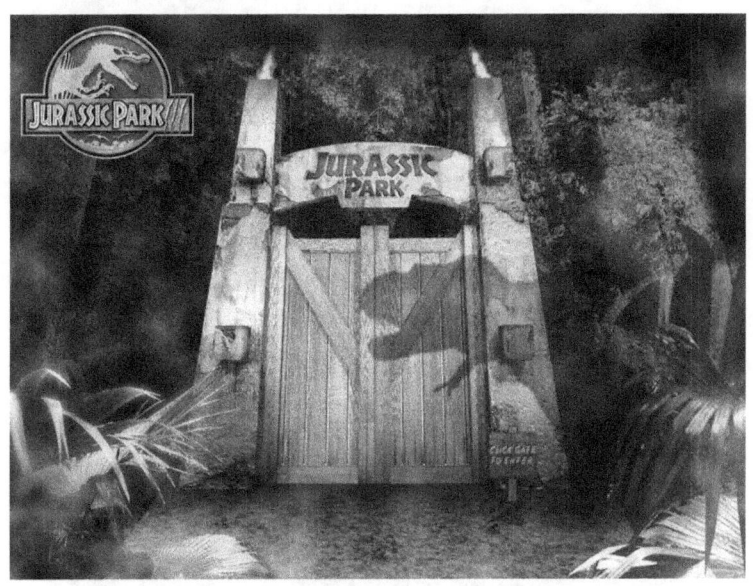

Basada en una novela de: Michael Crichton
Efectos especiales: Michael Lanticri, IL&M
Criaturas mecánicas: Stan Winston
Guión: Michael Crichton
Director: Steven Spielberg

Intérpretes:
SAM NEILL: Grant
LAURA DERN: Ellie
RICHARD ATTENBOROUGH: Hammond
JEFF GOLDBLUM: Malcolm

Basada en la novela de Michael Crichton, donde indudablemente todo se describe mejor que en la película, aporta una gran
dosis de adrenalina gracias a las imágenes imposibles de lograr

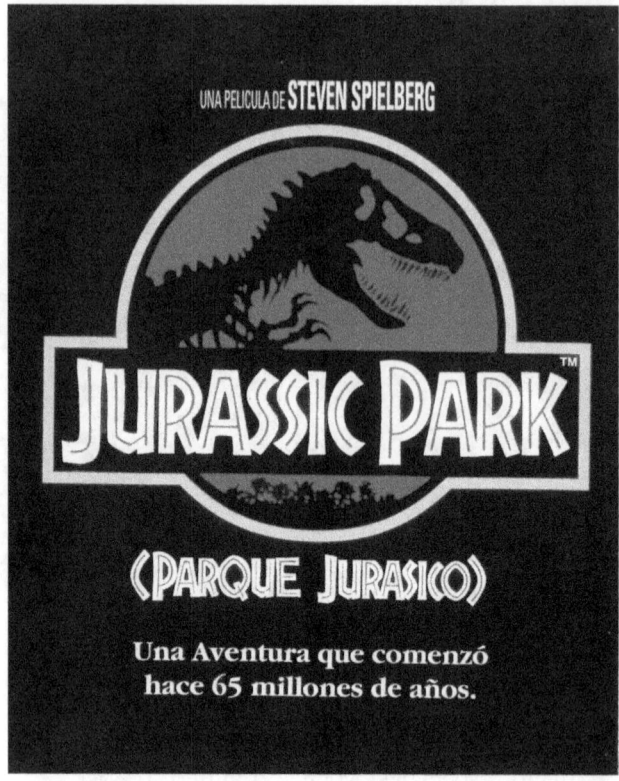

en el texto escrito. Los agresivos monstruos, las persecuciones y los bramidos, suponen para el espectador meterse en un mundo inédito hasta entonces.

La historia gira alrededor de John Hammond, quien ha estado coleccionando la sangre de ciertos fósiles de mosquito, pues pretende usar el ADN para crear los dinosaurios. Su meta es poner esos dinosaurios en un zoológico donde las personas puedan visitarlos a cambio de grandes sumas de dinero. Pero las cosas no salen tan correctamente cuando se mantienen a bestias tan grandes bajo control, y pronto los velociraptores y el gran tiranosaurio Rex, emprenden una persecución hacia los asustados humanos, perpetuamente hambrientos y deseosos de probar carne fresca. Los humanos lo único que pueden hacer es correr y esconderse, aunque su intención es abandonar la isla.

Con este filme, hay ya un antes y un después en el cine de dinosaurios. Sus aportaciones en la historia, las bestias y los efectos especiales son tantas, que todo el cine tiene una deuda con Steven Spielberg. Tal y como hiciera anteriormente, no solamente pretendió mostrar una historia fantástica, sino que quiso darle realidad científica, algo similar a "Encuentros en la tercera fase", tratando de no ser acusado de infantil. Ahora la historia nos habla de la posibilidad de "crear" un dinosaurio empleando simplemente el ADN genético que se ha encontrado en un mosquito milenario. Aunque en la actualidad todavía no es posible, es creíble que en un futuro algún científico enamorado de Frankenstein pretenda demostrarnos que se puede hacer.

Y del mismo modo que antes, los efectos especiales vuelven a ser los mejores protagonistas, evitando poner como actores principales a estrellas muy populares que pudieran desviar la atención del espectador. Por eso es lógico que nos concentremos visualmente en estos gigantescos dinosaurios que se mueven alrededor de los protagonistas, aunque estos logros habían sido conseguidos con la misma maestría en películas como *Hace un millón de años* gracias a Ray Harryhausen.

En resumen, una historia interesante, unos efectos visuales espectaculares y un sonido que en nada desmerece del resto de los ingredientes mostrados. La segunda entrega, *El Mundo perdido*, fue igualmente un gran éxito de taquilla, lo mismo que la tercera.

EL MUNDO PERDIDO
The Lost World: Jurassic Park (1997)

Productores: Gerald R. Molen, Colin Wilson
Guión: David Koepp
Fotografía: Janusz Kaminski
Música: John Williams

Director: Steven Spielberg
Efectos especiales: Ned Gorman

Intérpretes:
JEFF GOLDBLUM: Malcolm
JULIANNE MOORE: Sarah Harding
PETE POSTLEHWAITE
RICHARD ATTEMBORUNGH: Hammond

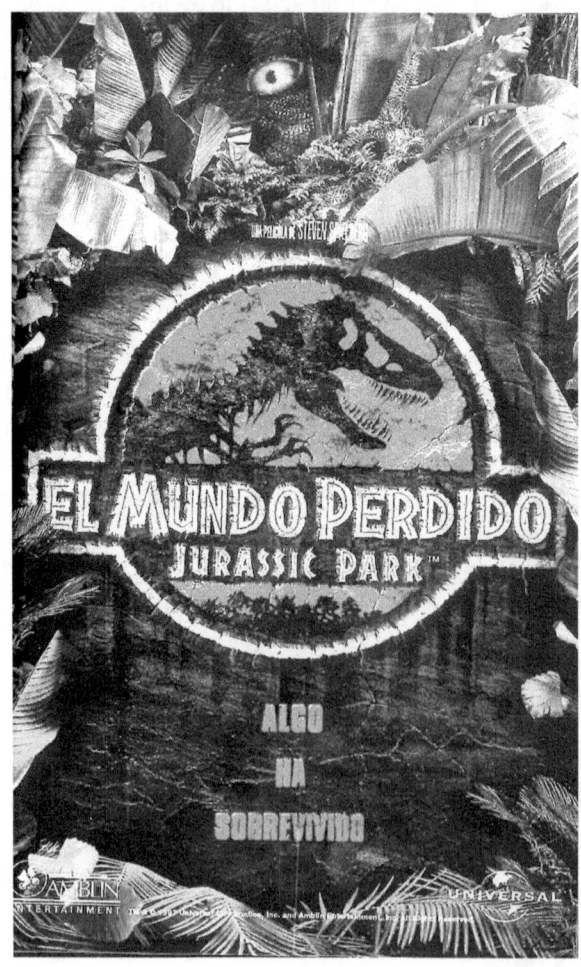

Según sus propias declaraciones, Spielberg se vio en la necesidad de hacer una segunda parte de *Jurassic Park* para impedir que otros lo hicieran como había sucedido con *Tiburón*. Llevaba ya tres años apartado de sus labores como director, entusiasmado con la creación de la compañía Dreamworks, aunque hay quien está convencido de que en realidad retornó porque necesitaba dinero para financiar sus próximos proyectos. Después del gran éxito de *Parque jurásico*, con una recaudación de más de 900 millones en su pase por la gran pantalla, esta segunda entrega debería estar muy cerca de esa cifra. Por tanto, era apostar sobre seguro.

La posibilidad de que otros dinosaurios pudieran haberse desarrollado dejaba el argumento en un lugar bastante creíble, y pronto nos explican que en la remota isla de Sorna una nueva familia de depredadores gigantescos está lista para devorar a los humanos. Y nuevamente, un grupo de científicos siente interés por ver cómo han sobrevivido y se desplazan hasta ese lugar, en el cual ya hay otros grupos dedicados a labores tan dispares como estudiarlos o cazarlos. Por si la osadía de los primeros expedicionarios no hubiera sido suficiente, ahora pretenden llevarse a un gigantesco tiranosaurio Rex al mismo centro de Nueva York, como si fuera un pacífico elefante.

El reto de las películas de ciencia-ficción estriba no tanto en la originalidad del argumento como en los efectos especiales, puestos bajo la lupa de millones de aficionados. Si los trucajes no son adecuados la película será un desastre, lo que no ocurre en esta ocasión, pues pudimos ver con todo detalle a los dinosaurios moviéndose alrededor de las personas. Pero para que no todo quedara en una obra de los laboratorios informáticos, se volvió a recurrir en numerosas escenas a las viejas técnicas de animación foto a foto, a las transparencias y a los muñecos animatrónicos, con sus cientos de cables en su interior.

JURASSIC PARK III
Jurassic park III (2001)

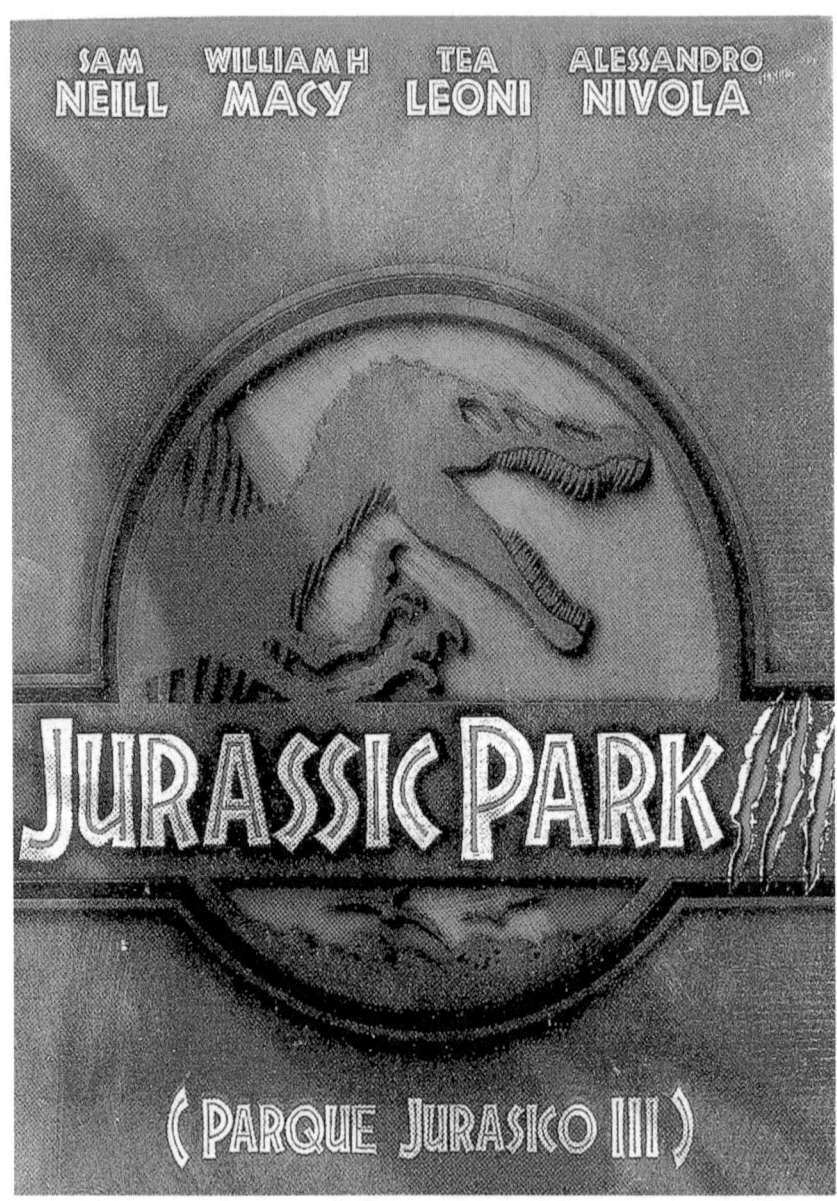

Productor: Kathleen Kennedy, Larry Franco
Productor ejecutivo: Steven Spielberg
Guión: Peter Buchman
Basada en los personajes de: Michael Crichton
Director: Joe Johnston

Intérpretes:
SAM NELLY: Alan Grant
WILLIAM H. MACY
TÉA LEONI

Parque Jurásico III continúa la serie que empezó con *Parque Jurásico* y *El Mundo Perdido*. Joe Johnston, quien dirigió "Jumanji" y colaborador con Steven Spielberg en el filme "En busca del Arca Perdida", dirige esta nueva secuela, en la cual vuelven a poner los efectos especiales la IL&M, mientras que las criaturas son obra del experto Stan Winston, famoso por el monstruo de "Alien".

La historia nos lleva de nuevo hasta el paleontólogo Dr. Alan Grant (Sam Neill), quien ansioso por consolidar la investigación para su nueva teoría de la inteligencia del velociraptor, es contratado por un aventurero adinerado (William H. Macy) y su esposa (Téa Leoni) para acompañarlos en una gira etérea por la Isla Sorna. Ahora el viejo parque levantado en la lejana isla Kauai, en Hawai, está todo destruido, pero allí se han desarrollado nuevas especies, más grandes aun que las anteriores.

Las carreras y los sustos acompañaban a los atrevidos expedicionarios, en realidad inocentes humanos que no saben sobrevivir en un lugar tan inhóspito y peligroso. Sin ayuda alguna, ni armas, deben poner en marcha todo su ingenio para no ser devorados una y mil veces por los depredadores más rápidos y sangrientos de la historia.

Lo cierto es que esta tercera entrega no defraudará a sus seguidores, pues es capaz de superar en ocasiones a las dos anteriores. Sin demasiados trucos ni efectos especiales inéditos, el maestro Spielberg logra lo que pocos realizadores nunca consiguen: entusiasmar de nuevo con una tercera secuela. Y es que este Parque Jurásico se hace corto, tal es la maestría de la realización, y la abundancia de inserciones digitales está tan perfectamente lograda que somos incapaces de averiguar dónde empieza la mentira y dónde las maquetas.

DINOSAURIO (2001)

Directores: Eric Leighton, Ralph Zondag
Guión: Walon Green
Fotografía: David R. Hardberger, Douglas Smith
Música: James Newton

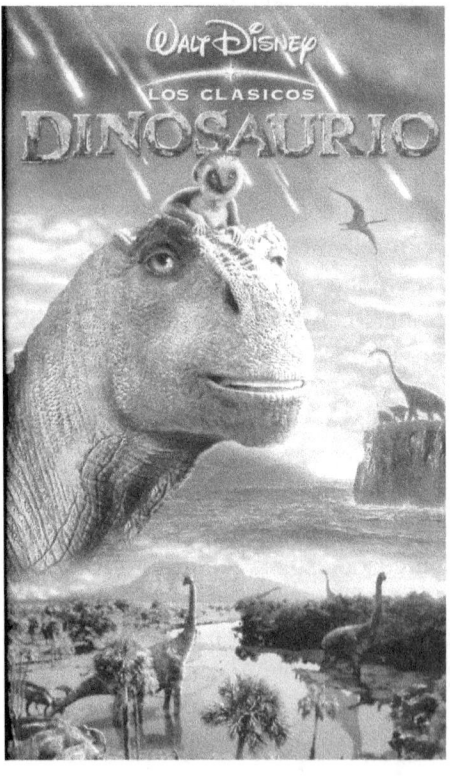

Dinosaurio es un film de animación generada por ordenador en tres dimensiones que nos muestra los indudables avances técnicos y lo que el cine nos deparará habitualmente dentro de unos años, así como el próximo fin de la película de acetato, pues el soporte digital terminará imponiéndose por su versatilidad y menor coste.

Este film hay que verlo, pues, bajo la óptica de la imagen, más que por el argumento mismo, aunque en este aspecto tampoco ha sido descuidado por los realizadores. La ventaja de este sistema es que los realizadores ya no tienen problemas para representar gráficamente todo lo que la historia describe, por lo que el lenguaje artístico alcanza posibilidades hasta ahora desconocidas. La fotografía es desplazada por el diseño y los decorados por los grafismos, logrando una autenticidad en las imágenes casi tan perfecta como si se rodara en escenarios naturales, y además poniendo la luz en el lugar y la tonalidad que requiera.

La presencia real de un tiranosaurio Rex o un velociraptor es imposible por razones obvias, pero ahora la perfección técnica hace posible el milagro, aunque las antiguas maneras del animatronic siguen estando presentes. También ha cambiado el montaje, una de las labores que podían malograr un filme o magnificarlo, pues ahora se realiza con un potente ordenador que ensambla, aumenta y duplica cualquier fotograma.

La historia comienza directamente, con el ataque de un tiranosaurio Rex a una manada de dinosaurios, quienes en la huída dejan un pequeño huevo, siendo una presa codiciada para los depredadores, en este caso un ave de rapiña que lo deja caer desde gran altura hasta una isla, en donde es recogido intacto por un grupo de primates. Una vez fuera del cascarón, Aladar, el personaje principal, aprende todo lo que necesita para vivir en comunidad, hasta un día en que una lluvia de meteoritos devasta a la isla y sus alrededores. Desde ese momento, Aladar y su familia adoptiva deben huir en busca de la tierra de los dinosaurios, donde todo es distinto.

EVOLUTION
(2001)

Director: Ivan Reitman
Guión: Don Jakoby

Intérpretes:
DAVID DUCHOVNY
JULIANNE MOORE
ORLANDO JONES
DAN AYKROYD

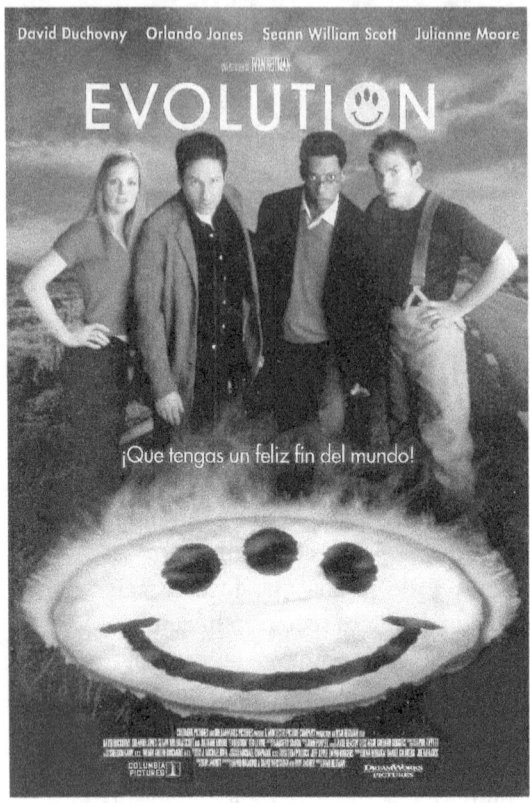

De nuevo los alienígenas escogen nuestro planeta para sentar sus posaderas, o sus patas, y al igual que hicieron en "La guerra de los mundos" emplean el tradicional y rápido sistema del meteorito para arribar y así extender su semilla galáctica. Su plan está tan bien elaborado que consiguen casi su propósito, sino fuera porque un pequeño grupo de científicos desquiciados se encargan de recuperar los territorios perdidos. Las sorpresas, y los problemas, comienzan cuando se dan cuenta que esos alienígeneas han conseguido realizar el prodigio de la evolución de las especies en apenas unos días, pasando de ser organismos unicelulares a eficaces primates y posteriormente monstruos arrasadores de infelices humanos.

Interpretada por un casi despistado David Duchovny (Mulder, Expediente X), quien se aparta inadecuadamente del serio personaje que le hizo popular, y un siempre eficaz Dan Aykroyd, nos recrean esta nueva invasión de ETs con grandes dosis de humor. La gran traca final, apoteósica, nos proporciona un final tan delirante como el resto del guión, pues los aliens, quienes han copiado la forma de animales prehistóricos, acaban siendo derrotados por unos cuantos litros de champú enriquecido en selenio.

COCODRILOS, TIBURONES, SERPIENTES

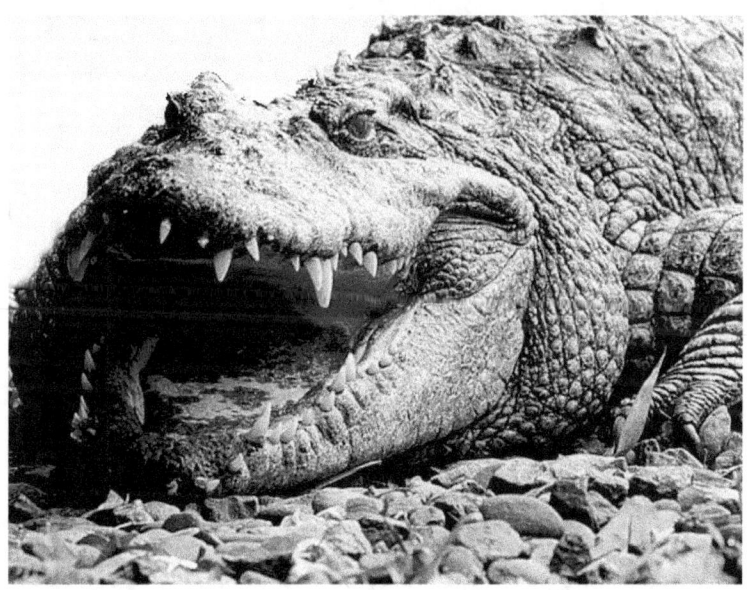

Resulta difícil saber qué animal acuático nos causa más favor, si un cocodrilo o un tiburón, pues ambos son capaces de enganchar con sus mandíbulas a un ser humano y triturarlo irremediablemente en pocos segundos. Los cocodrilos indudablemente son depredadores bien adaptados y, salvo el hombre, no tienen

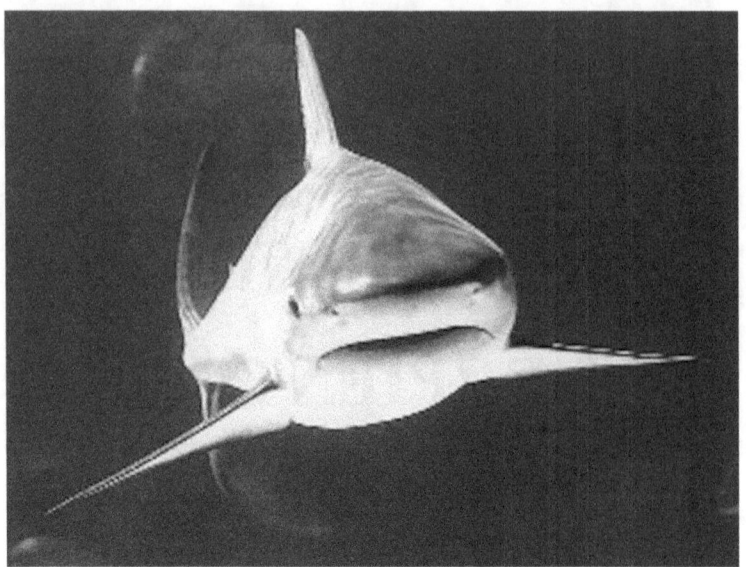

enemigos de interés. Sus placas óseas forman una especie de coraza que protege su gruesa piel, mientras que sus dientes (30 a 40 en cada mandíbula), están asistidos por una potente mandíbula al cerrarse, pero muy débil para abrirse, bastando una simple mano para impedir que vuelvan a abrir la boca. Aunque el cine los muestra silenciosos, realmente son los reptiles más ruidosos que existen, emitiendo siseos y aterradores rugidos y bramidos. El cocodrilo marino es el reptil viviente de mayor tamaño, alcanzando los 9 metros de longitud y un peso de 1.000 kg., siendo su hábitat las aguas costeras de la India, el sur de China y Malasia.

Respecto a los tiburones, sabemos que son peces que poseen un esqueleto cartilaginoso y que su gran boca les permite cazar y devorar a casi cualquier otro animal marino, tanto en mares profundos como poco profundos. El tiburón ballena es el tiburón más grande, con 15 m de longitud, y también el pez más grande de todos los mares. Hay otras especies que miden menos de 50 cm de largo, y algunos sumamente dóciles, como es el caso del el tiburón peregrino y el tiburón ballena, casi unos vegetarianos convencidos.

Muchas especies (hay 340), tienen hileras de dientes afilados enclavados en membranas fibrosas en lugar de en las mandíbulas, y la mayoría suelen perderlos al clavarlos en la carne de sus presas, pero son reemplazados con rapidez por otros. Al carecer de vejiga natatoria, cuando se quedan inmóviles se hunden.

Aunque son animales eminentemente carroñeros, suelen manifestar predilección por focas, tortugas, aves, ballenas, cangrejos y gran variedad de peces vivos. La mayoría de los tiburones son ovovivíparos, es decir, los huevos se abren en el interior de la hembra, que alumbra crías vivas.

Respecto a su forma de atacar, sabemos que tienen un agudo sentido del olfato, siendo capaces de detectar en el agua vestigios de sustancias, como la sangre, y seguirles la pista hasta su origen. Sin embargo, su visión es defectuosa, casi como la de un miope, percibiendo de forma vaga movimientos de luces y sombras en aguas oscuras cuando se aproximan a su presa. El oído, por el contrario, está muy desarrollado en sentido longitudinal, especialmente para los sonidos de baja frecuencia. Cuando van en bandadas, describen círculos en torno a su presa y se abalanzan sobre ella de repente, por lo general desde debajo, siendo las especies más peligrosas el tiburón blanco, el pez martillo, el tiburón tigre y el tiburón azul o tintorera.

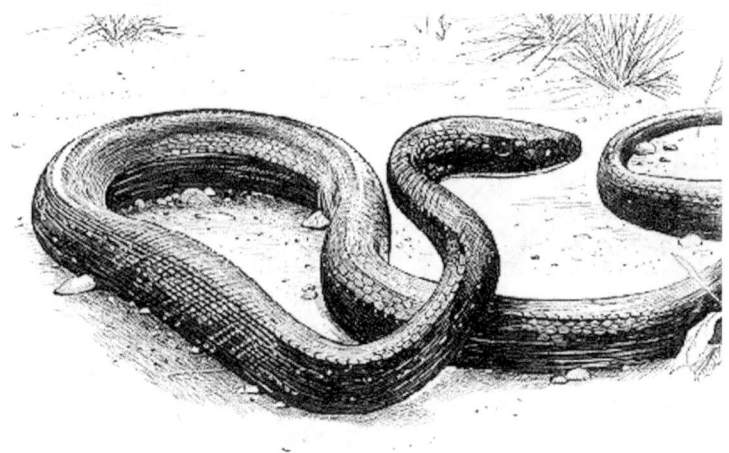

PELÍCULAS

EL REPTIL
The reptile (1966)

Director: John Gilling

Intérpretes:
NOEL WILLMAN
JENNIFER DANIEL
RAY BARRETT

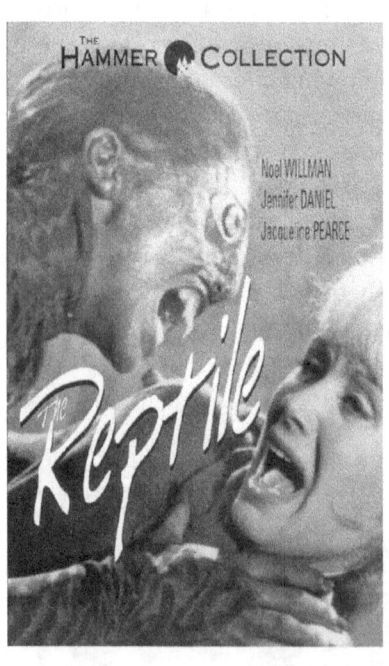

Esta desconocida cinta de la productora Hammer nos cuenta la historia de Tom Bailey, quien acaba de recibir una nota de Anna, la hija del Dr. Franklyn, demandándole auxilio, pero al llegar ella le pide insistentemente que se vaya. Cuando Tom intenta pedir explicaciones por esta postura, es atacado por un ser extraño que le mata ante la pasividad del sirviente de la casa. Este monstruo es denominado en el pueblo como "la muerte negra", dejando como señal unas mordeduras en el cuello de sus víctimas, tal y como hace una serpiente cobra.

John Guilling había realizado otros filmes para la Hammer, pero en esta ocasión disponía de un argumento en el cual no había ninguno de los monstruos tradicionales: un hombre serpiente exportado de Haití. La película, con todo, no tuvo apenas relevancia.

TIBURÓN
Jaws (1975)

Música: John Williams
Director: Steven Spielberg
Guión: Peter Benchley, Carl Gottlieb
Basada en la novela de: Benchley
Efectos especiales: Robert A. Mattey

Intérpretes:
ROY SCHEIDER: Martin Brody
ROBERT SHAW: Quint
RICHARD DREYFUSS: Hooper
LORRAINE GARY: Ellen Brody
CARL GOTTLIEB: Meadows

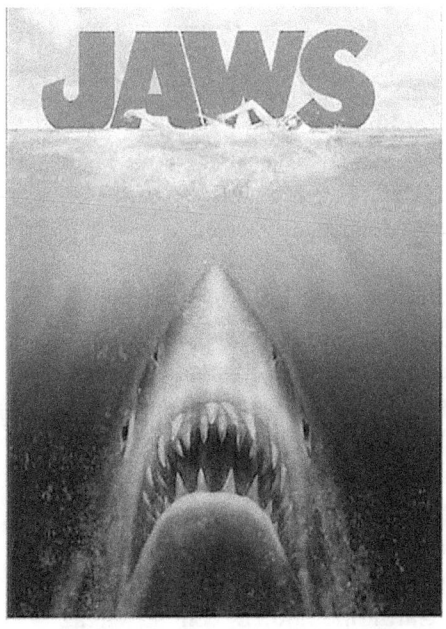

Los chicos se desnudan en una solitaria playa, pues la luz de la luna invita al amor, aunque ella es más rápida y consigue nadar con rapidez para gozar de la plácida y acogedora agua salada. Deseosa de disfrutar de este momento idílico, se relaja tanto que no percibe que en el interior del mar, apenas ya a unos pocos metros de ella, algo grandioso dotado de poderosas mandíbulas se mueve veloz a su encuentro. Pronto su placer se transforma en horror, especialmente cuando siente la primera dentellada en sus piernas. Aturdida, quiere gritar y salir huyendo, pero pronto es arrastrada al fondo de la oscuridad sin que nadie, ni siquiera su novio, pueda darse cuenta de la tragedia. La música nos indica que el horror acaba de llegar al espectador.

La magia de Spielberg se muestra en este filme con el máximo esplendor, a lo que contribuyeron numerosos factores, como la extraordinaria música de Williams, los estupendos monstruos mecanizados, así como el buen trabajo interpretativo de Dreyfuss y Scheider.

Hubo unas cuantas secuelas, una de ellas en 3D, de las cuales solamente podemos destacar la segunda en la que repite Roy Scheider como el jefe de policía.

LA SERPIENTE VOLADORA (1982)

Director: Larry Cohen
Guión: Larry Cohen

Intérpretes:
MICHAEL MORIARTY: Jimmy Quinn
CANDY CLARK: Joan
DAVID CARRADINE: Detective Shepard
RICHARD ROUNDTREE: Sargento Powell

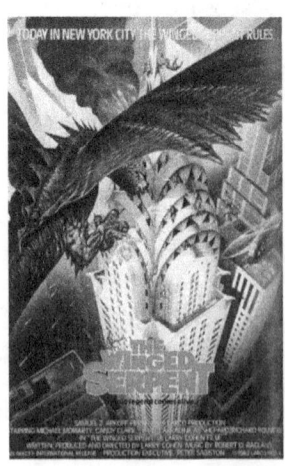

Meritoria película de los hermanos Cohen, aunque una de las más desconocidas, la cual comienza con unas extrañas muertes y desapariciones de personas, coincidiendo con una serie de asesinatos rituales en Manhattan. Para averiguar quién está detrás de ello llaman al detective Shepard, correctamente encarnado por Carradine, quien con su sagaz perspicacia pronto descubrirá que hay dos elementos involucrados: unos ritos para invocar al dios azteca Quetzalcoatl, y un gigantesco monstruo prehistórico mezcla de ave y reptil. Pero ahora hay que descubrir la guarida del animal y eso será lo que consiga Jimmy Quinn, un delincuente, quien deberá ayudar a la policía a destruir al animal.

Podía haber sido la carta de presentación de estos excelentes y originales cineastas, y hasta una película de culto sobre el cine de monstruos, pero posiblemente el acertado humor se encargó de quitarnos el miedo, y eso no es perdonable en una cinta de terror. La historia tiene ritmo, intriga a raudales, algo de gore y unos extraordinarios efectos especiales obra de Dave Allen (Aullidos), hasta tal punto en que nos creemos que esa bestia existe de verdad.

ANACONDA
(1997)

Director: Luis Llosa
Guión: Hans Baur

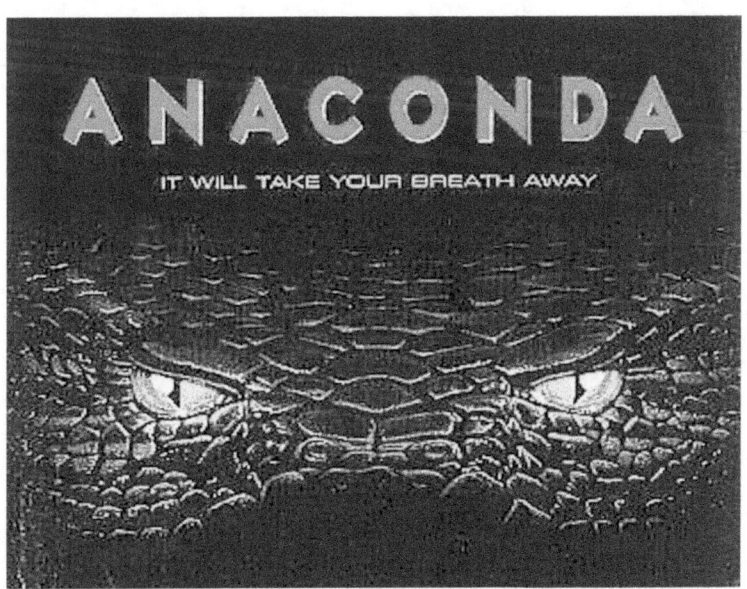

Intérpretes:
JENNIFER LÓPEZ: Terri Flores
ICE CUBE: Danny Rich
JON VOIGHT: Paul Sarone

En lo más profundo de la selva del Brasil las cosas no son tan apacibles como parecen, pues cada tribu posee su propio orden y jefe. Indudablemente allí hay muchos mosquitos, pero también algunos animales que podrían ser una atracción espectacular en algún zoológico occidental. Ese es el caso de las anacondas, unas serpientes que se mueven con la misma agilidad por el agua que por tierra, por lo que todas las precauciones son pocas. De entre todas ellas, hay una joya que podría suponer un eslabón con los grandes animales prehistóricos, pues es tan grande que parece sacada de un museo del horror. Los protagonistas están bien definidos, existiendo una guapa chica que, además, tiene un corazón de oro y es ecologista a rabiar; un chico inteligente pero poco hábil para sobrevivir en un lugar tan inhóspito; un negro que aporta la nota de color y la valentía a ultranza; y un blanco borrachín con ganas de ganar mucho dinero. Todos estos tópicos se nos hacen cargantes hasta que aparece por vez primera esa anaconda tan inteligente y mortífera. En esos momentos comenzamos a disfrutar, tanto como con la presencia de Jennifer López y de ese magnífico actor que es Jon Voight, una leyenda recuperada. La anaconda, por supuesto, totalmente digital, así que el terror es un poco descafeinado. Hubo una secuela.

MANDÍBULAS
(1999)

Director: Steve Miner

Intérpretes:
BILL PULLMAN: Jack
BRIDGET FONDA: Kelly
BRENDAN GLEESON: Hank

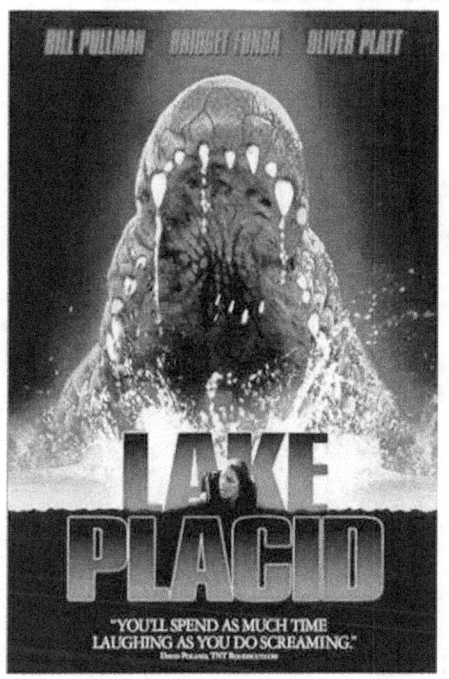

La ancianita que tiene un enorme lago frente a su casa y que gusta de alimentar a los animales marinos, no es consciente de lo que está haciendo, aunque algunas muertes extrañas deberían haberla puesto en alerta. Por eso, cuando una guapa paleontóloga descubre un enorme diente cerca de la última víctima decide investigar, más que nada porque esa pieza pertenece a un animal prehistórico sin definir. Para cumplir su misión es ayudada por oficiales de policía y expertos cazadores, pero todavía nadie sabe qué están buscando. La única cosa que tienen claro todos ellos es que ese lago aparentemente tranquilo alberga algo muy tenebroso, aunque ninguno se esperaba que fuera un enorme cocodrilo, animal inédito en aguas frías.

La película no es gran cosa, pero al menos nos consigue mantener en tensión hasta final, existiendo escenas plenamente logradas, como cuando hace su aparición el helicóptero que deberá cazarlo sin matarle (por aquello de la conservación de las especies), utilizando simplemente una red. Eso es tan difícil que hasta el gran cocodrilo se da cuenta, por lo que organiza una buena carnicería.

DEEP BLUE SEA (1999)

Guión: Duncan Kennedy
Música: Trevor Rabin
Director: Renny Harlin

125

Intérpretes:
THOMAS JANE: Carter Blake
SAFFRON BURROWS: Susan McAlester
SAMUEL L. JACKSON: Russell Franklin

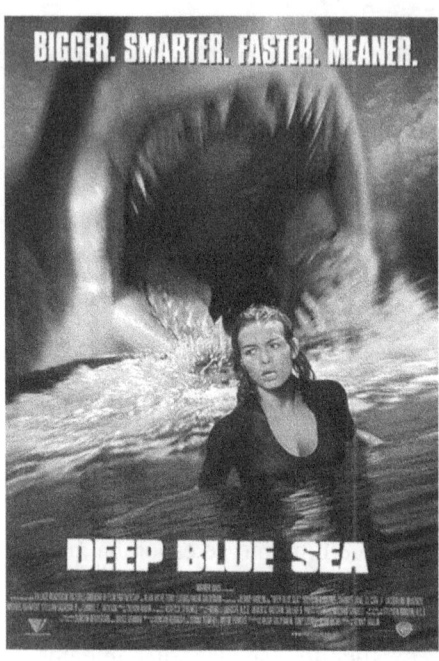

De nuevo los tiburones se ponen en acción, hartos de no poder comer carne fresca humana, y aprovechando que en la costa de Méjico un equipo de científicos locos buscan la solución para el Alzheimer, se dedican a una masiva destrucción gracias a unos implantes cerebrales que les hacen más inteligentes.

En el filme hay muchos tiburones auténticos, pues se trata de dar el mayor realismo posible, pero los mayores depredadores son puramente informáticos, muy alejados de aquel escualo de *Tiburón*. De todos modos, y aunque ya no nos asusten tanto los tiburones como hace años (a todo se acostumbra uno), el filme posee indudables aciertos, salvo esa idea de que tomando el cerebro del tiburón se podría curar el Alzheimer, suponemos que del guionista.

Lo cierto es que resulta entretenido ver a Samuel L. Jackson y Saffron Burrows intentando escapar de un tiburón inteligente, mucho más inquietante cuando sabemos que hay tres al acecho. Lo importante, sin embargo, no son los escualos, sino sus consecuencias, por eso el director nos muestra frecuentemente colgajos de carne humana y mucha sangre. Después sabemos que son tan listos porque les han puesto algo en el cerebro y suministrado medicamentos, y nuevamente pedimos que se los den también al guionista, empeñado en quitarnos la diversión cuando los monstruos deciden evadirse de Aquatica y marcharse al océano.

La modelo-actriz Saffron Burrows es la investigadora; Thomas Jane el experto en tiburones, y Samuel L. Jackson el patrocinador que escoge el peor momento para una gira; el resto de los actores son la comida de los tiburones, así que no vale la pena mencionarles. Es inevitable que Saffron Burrows nos demuestre que tiene un cuerpo de ensueño, y por eso acaba en ropa interior, casi como Sigourney Weaver en *Alien;* pero las comparaciones son odiosas.

OPEN WATER
(2003)

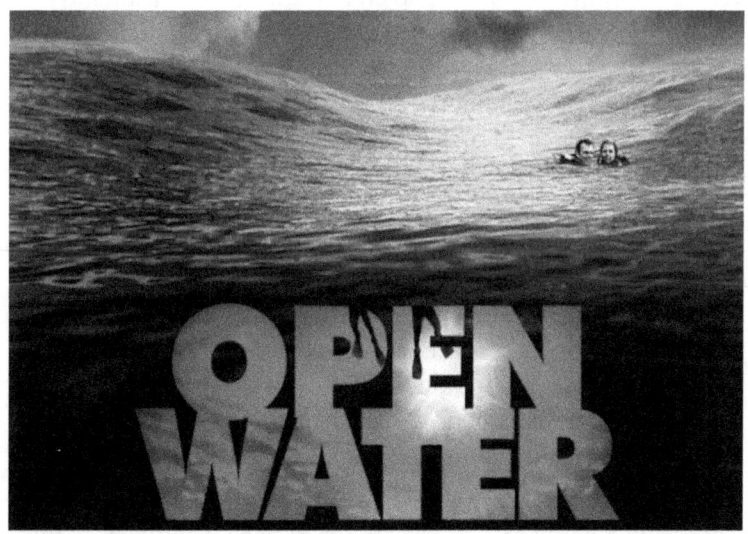

Dirección y guión: Chris Kentis
Música: Graeme Revell
Fotografía: Chris Kentis y Laura Lau
Montaje: Chris Kentis

Intérpretes:
BLANCHARD RYAN: Susan
DANIEL TRAVIS: Daniel
SAUL STEIN: Seth
STELLE LAU: Estelle

Cuando nos avisan que esa película está basada en hechos reales nos ponemos a temblar, pero nunca de miedo, sino porque sabemos que la vida es casi siempre más aburrida y menos espectacular que el cine. La trama es sencilla y parece mentira que el director haya conseguido interesarnos durante casi todo el filme. Los sufridos protagonistas son una pareja americana, Daniel y Susan, quienes deciden pasar unas vacaciones en una isla del Caribe, como casi todo el mundo que dispone de tiempo y dinero. Pero como suele ocurrir en muchas parejas que han dedicado los últimos años a no comunicarse, su matrimonio está a punto de irse a pique, por lo que resulta paradójico que para reconciliarse decidan pasar unos días en el mar. Los espectadores ya saben que es un error, pues la propaganda les ha contado casi todo el argumento, pero aun así todo el mundo se pone cómodo para verles sufrir durante 90 minutos.

Ellos son expertos en submarinismo acuático, el lugar menos indicado para besarse, pero quieren ver el fondo de los mares y se embarcan en un bote junto a otros turistas, pero tan torpes que la pareja es abandonada accidentalmente después de una inmersión de unos cuarenta minutos. Y ahí les tenemos, sin barca, ni víveres, mirando la inmensidad del océano, que en esos momentos se percibe todavía mayor si cabe. Pero como la vida se nos complica frecuentemente sin quererlo, su terror aumenta hasta el paroxismo cuando se dan cuenta que el agua está llena de tiburones.

CÍCLOPES

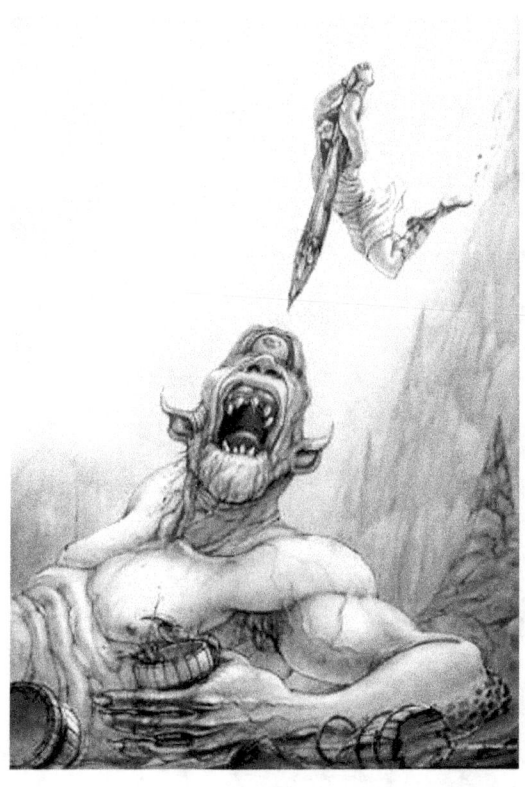

Según la mitología, los cíclopes son hijos de Urano y Gea, de gran estatura y un único ojo en el centro, justo encima de su nariz. Fuertes, agresivos y maliciosos, suelen personificar el trueno, el relámpago y el rayo. Anteriormente eran moradores del Olimpo, pero fueron arrojados y encadenados por uno de los dioses, aunque Zeus se apiadó de ellos y les liberó, desterrándoles para siempre a la Tierra. Ellos, por su parte, le devolvieron el favor proporcionando a Zeus el rayo y el trueno, a Poseidón el tridente y a

Hades el casco que le hacía invisible, armas con las que éstos derrotaron a los Titanes.

La leyenda les consideraba inmortales, pero ahora sabemos que Ulises les hizo frente y que Apolo posiblemente les aniquiló a todos, aunque no lo hizo con su descendencia. Por eso se considera como hijo suyo a Hefesto, posiblemente un herrero, generando en su trabajo tal ruido que se podía oír en toda Sicilia, siendo sus mejores diseños el velo de hierro que no dejaba ver a los Titanes la luz del sol, las murallas de Tirinto y de Argos, y otra serie de trabajos.

Polifemo, hijo de Poseidón, vivía en una caverna y no cultivaba la tierra, teniendo poderes especiales y una fortaleza inmensa, hasta que Ulises le dejó ciego.

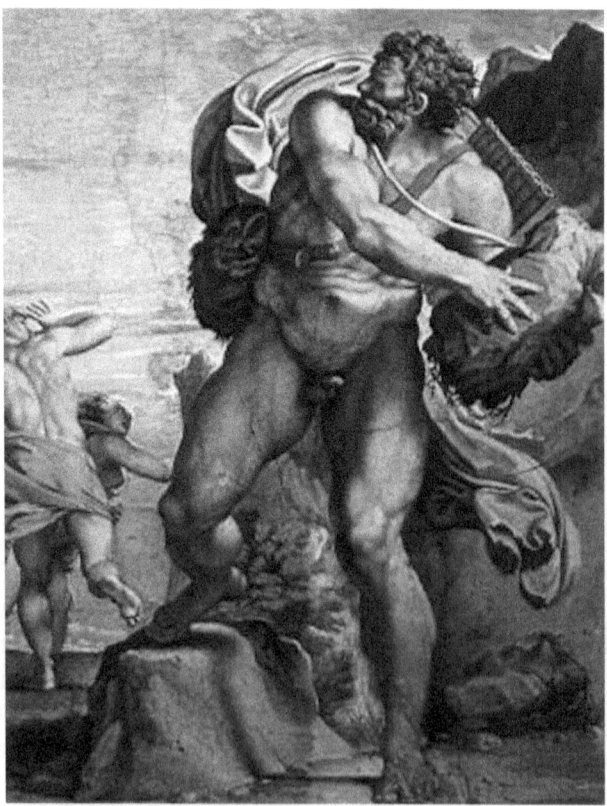

PELÍCULAS

ULISES
(1954)

Director: Mario Camerini
Guión: Franco Brusati
Fotografía: Harold Rosson

Intérpretes:
KIRK DOUGLAS: Ulises
SILVANA MANGANO: Penélope
ANTHONY QUINN
ROSSANA PODESTÁ

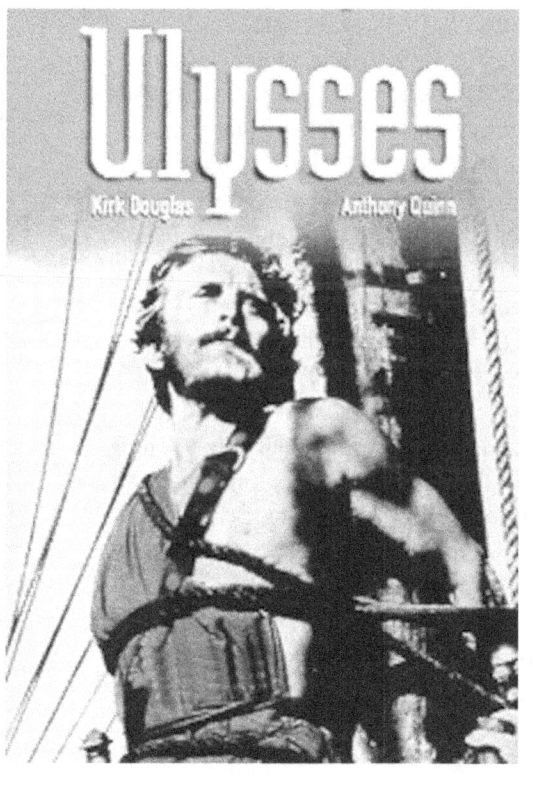

La producción cinematográfica italiana, en otro tiempo tan poderosa, sacó lo mejor de su elenco artístico y técnico en esta epopeya mitológica griega, posiblemente la mejor obra del género mundial. La historia básica de Homero está aquí magnificada, aunque conservando la esencia que la hizo perdurar a través de los siglos, consiguiendo anular a todas las películas que posteriormente se engancharon al carro de los clásicos. Y es que no sabemos qué es lo mejor del filme, si la interpretación magistral de Kirk

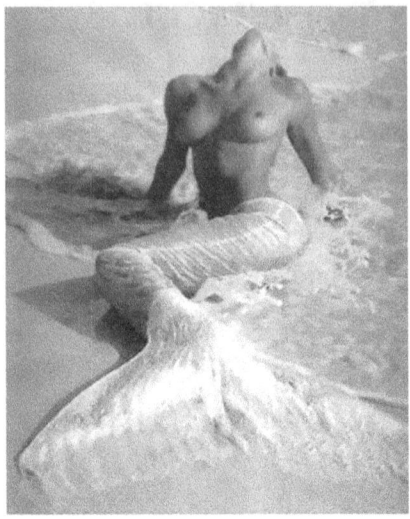

Douglas y Anthony Quinn, la belleza serena de Silvana Mangano y Rossana Podestá, dos mitos de la mujer italiana, o esos efectos especiales que de tan sencillos que eran casi pasaron desapercibidos como tales. Los monstruos, diosas y brujas, tienen el protagonismo justo para no anular la historia, conduciéndonos entre todos por tierras de Troya, llegando hasta la isla de los Feacios, en donde se realizará la venganza anunciada contra los pretendientes, y la recuperación de su reino y su casa.

La película tiene un argumento complejo, tanto como la historia, relatándonos la astucia de Ulises para vencer a Polifemo, a quien emborracha para poder clavarle una estaca ardiente en su único ojo, liberando así a sus compañeros cautivos. En medio, una historia de amor y fidelidad, con esa esposa que teje y teje la alfombra en espera del retorno de su esposo Ulises, pues si la termina deberá casarse con uno de los pretendientes traidores. También hay un arco que tendrá que tensar el aspirante al trono, pero que solamente Ulises consigue hacerlo, pues tiene fuerza y habilidad. Y no podemos olvidarnos de las sirenas, con sus bellas voces, intentando seducir a Ulises y sus amigos, quienes no perciben que detrás de esas mujeres de hermosos pechos se esconde la muerte.

EL ASOMBROSO HOMBRE CRECIENTE
The Amazing colossal man (1957)

Director: Bert Gordon
Guión: Mark Hanna, Bert Gordon

Intérpretes:
GLENN LANGAN: Glenn Manning
CATHY DOWNS: Carol

Aquí la dichosa radiación atómica generada en el desierto por una explosión hace que un hombre se convierta en un gigante y se le trastorne la mente atacando a la ciudad de Las Vegas. No podían faltar las escenas eróticas del gigante espiando por las ventanas a las chicas bañándose desnudas, aunque finalmente será abatido por un proyectil lanzado por un bazooka.

No se esfuercen por pedir unos buenos efectos especiales, aunque dentro de su sencillez debemos reconocer que consiguen el efecto deseado, aportando además una historia conmovedora. Como tantas otras,

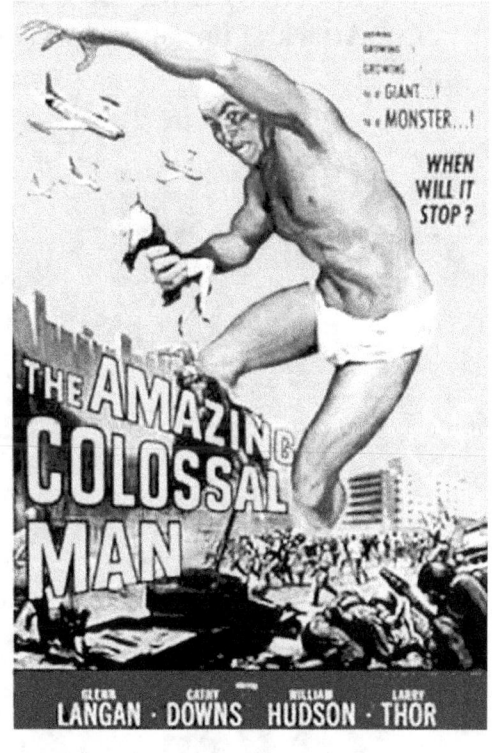

respondía a la inquietud norteamericana relativa a las consecuencias de las radiaciones atómicas, pues las pruebas se realizaban en su propio territorio, aunque posteriormente decidieron irse con sus bombas a los atolones perdidos.

Nuestro amigo el gigante solamente viste calzoncillos, incomprensible en una época en la cual la ropa abundaba en cualquier esquina, además de una calva que le hace –suponemos– más atractivo sexualmente para las mujeres. Ellas debieron ser las mejores espectadoras de esta historia en blanco y negro, aunque nosotros también disfrutamos mucho, más que nada porque éramos muy jóvenes cuando la pudimos ver en la televisión. No sabemos si ahora está disponible en formato DVD, pero hasta el día de hoy solamente se podía comprar en VHS.

EL ATAQUE DE LA MUJER GIGANTE
Attack of the 50 foot wo (1958)

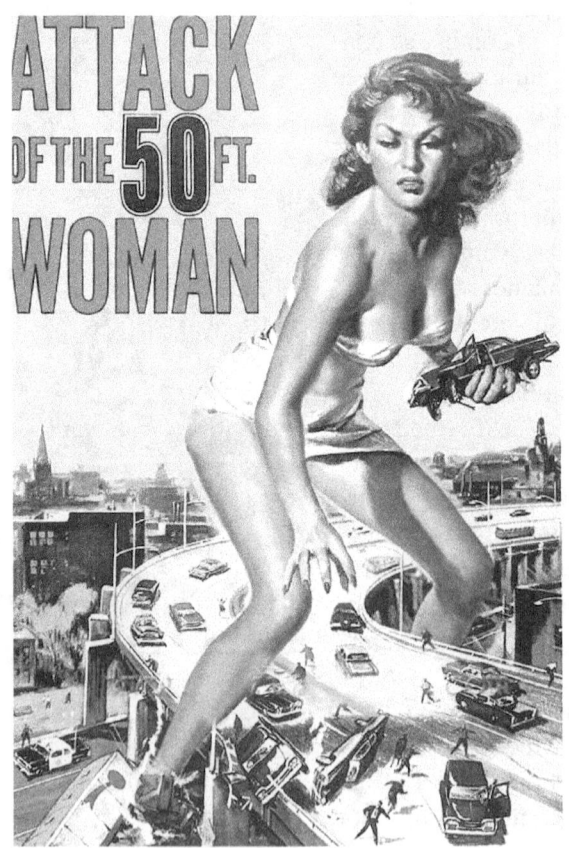

Director: el Nathan Hertz
Guión: Mark Hanna

Intérpretes:
ALLISON HAYES: Nancy
WILLIAM HUDSON: Harry

Los problemas de esta guapa chica eran ya numerosos por las continuas desavenencias con su marido, pero un rayo de naturaleza desconocida le provoca una mutación y comienza a crecer desmesuradamente, siendo considera en pocos días como un monstruo a extinguir.

El filme, dentro de su ingenuidad, es ya un clásico de culto, perteneciente a la época dorada de la ciencia-ficción de los años 50, siendo una réplica a *El asombroso hombre creciente*. Nos habla de una mujer despreciada por su marido, infiel y codicioso de una herencia, quien desesperada huye al desierto, donde es afectada por un extraño rayo que la hace crecer desmesuradamente. Así, con esa estatura gigantesca (los vestidos que llevaba también crecen), planea su venganza contra todos aquellos que la han hecho daño. Nancy Archer (Allison Hayes) no sabe que esto ocasionará su destrucción, aunque antes tendrá tiempo de poner a cada uno en su sitio, especialmente a esa golfa llamada Parker (Yvette Vickers), sedienta de sexo y dinero que ha engatusado a su marido.

Al espectador le importa muy poco los problemas sentimentales de Nancy y solamente espera verla crecer de una vez, ya que siente curiosidad por ver cómo se las arreglará el director de efectos especiales para mezclar a la chica gigantesca con los demás personajes. En los años 50 este esfuerzo tecnológico se tenía que solucionar con trucos sencillos, por ejemplo poniendo la cámara detrás del supuesto gigante, utilizando planos muy bajos, diseñando muebles gigantes y, en ocasiones, con alguna transparencia poco efectiva.

Bien, al menos tenemos la oportunidad de ver a Allison Hayes paseando largamente con su bikini de tela, y seguro que será un regalo para feministas recalcitrantes, deseosas de romper el rol del ama de casa fiel. La venganza de la chica supongo que las haría aplaudir, aunque el triste final, cuando la chica acaba más quemada que un leño en una incineradora, seguro que las hizo llorar.

SIMBAD Y LA PRINCESA
The 7th Voyage of Sinbad (1958)

Director: Nathan Juran
Guión: Ray Harryhausen, Ken Kold

Intérpretes:
KERWIN MATHEWS: Simbad
KATHRYN GRANT: Parisa
RICHARD EYER: El genio
TORIN THATCHER: Sokurah el mago

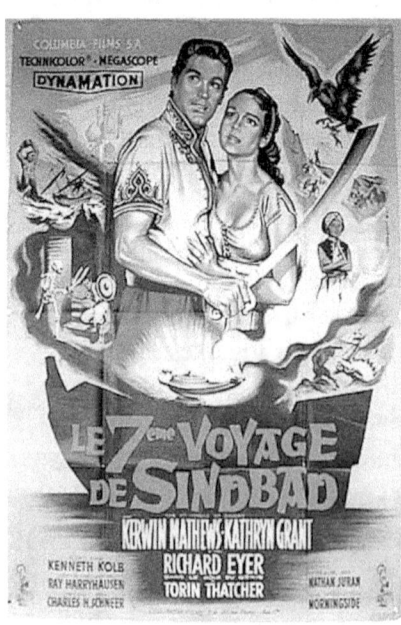

El delicado actor Kerwin Mathews, a quien también vimos en "Las aventuras de Gulliver", y la encantadora Kathryn Grant, igualmente delicada pero con bastante valentía, se enfrentan al malvado Sokurah, un mago que entre otros poderes puede empequeñecer a las personas y conjurar demonios. Él ha raptado a la princesa y la tiene encerrada en la fortaleza inexpugnable de la isla Colossa, lugar donde habita un cíclope aficionado a cocinar a sus víctimas. También hay un enorme dragón, y por eso la lucha entre los dos es algo espectacular, con rugidos estremecedores y golpes que retumban fuertemente en el patio de butacas. No menos impresionante es la lucha del esqueleto contra Simbad, escena similar a *Jason y los Argonautas*, aunque en este caso eran muchos esqueletos, tantos como los que salieron en "El ejército de las tinieblas"

La película es una pequeña joya del cine de aventuras y fantasía, pues hay buenos colores y fotografía, adecuada música de Bernard Hermann, y unos efectos especiales espectaculares. Ray Harryhausen, que en este caso es también el artífice de la historia, demuestra una vez más ser un genio del Dynamation, un sistema diseñado por él y que permitía una animación fotograma a fotograma perfectamente integrada con las escenas reales.

JASON Y LOS ARGONAUTAS
Jason and the Argonauts (1963)

Director: Don Chaffey
Guión: Beverley Cross y Jan Read

Intérpretes:
TODD ARMSTRONG: Jason
NANCY KOVACK: Medea
GARY RAYMOND: Acastus
LAURENCE NAISMITH: Argus
NIGEL GREEN: Hércules

A estas alturas ya resulta difícil encontrar el mejor filme de todos aquellos en los cuales intervino Ray Harryhausen, aunque en el aspecto artístico y de efectos especiales este puede ser el que nos obligue a quitarnos el simbólico sombrero. *Jason y los Argonautas* es una aventura intensa filmada en Dynarama, inspirada en la mitología griega de los marineros que iban en busca del Vellocino de Oro, todos dirigidos por el intrépido explorador Jason. La historia se remonta años ha, cuando Jasón reclama el reino de Thessaly, pero los dioses proclaman que primero debe

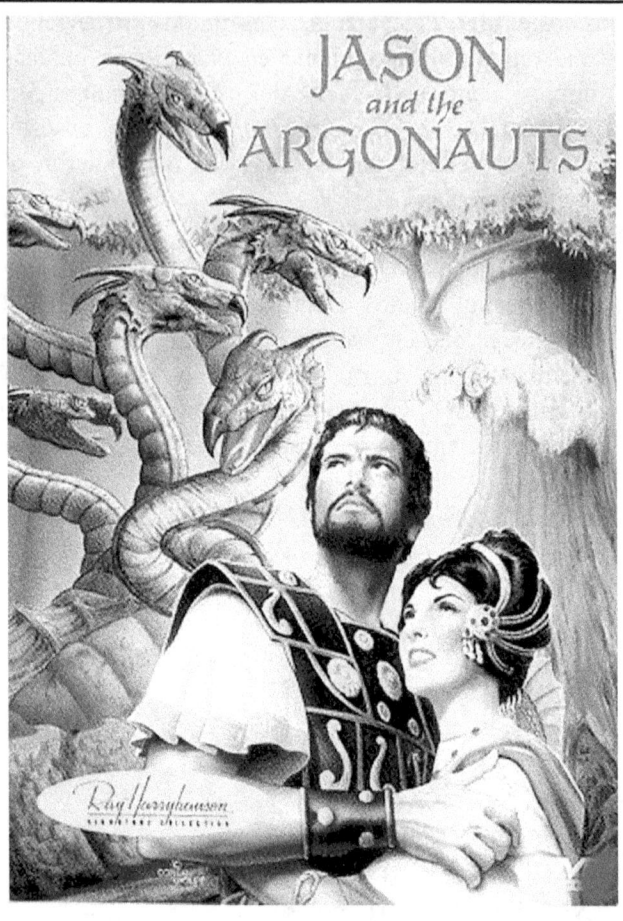

encontrar esa joya mágica, por lo que ayudado por la diosa Hera recluta a varios Argonautas valientes y embarcan rumbo a lo desconocido. Por el camino encuentran una gran variedad de criaturas míticas, e incluso al gigantesco dios de bronce Talos, así como a las Arpías, Hydra el reptil de siete cabezas, y un ejército de esqueletos que manejan espada y escudo. Esta última escena sigue siendo la mejor de todas las que Harryhausen creó, y todavía muchos espectadores se preguntan cómo pudo lograrla.

FURIA DE TITANES
Clash of the Titans (1980)

Director: Desmond Davis
Guión: Beverley Cross

Intérpretes:
HARRY HAMLIN: Perseo
JUDI BOWKER: Andrómeda
BURGESS MEREDITH: Ammon
LAURENCE OLIVIER: Zeus
NEIL MCCARTHY: Calibos

Este cuento clásico, lleno de drama, pasión, y aventura, un cuento apto para entusiasmar a todas las edades, nos relata la historia del gobernador de Argos, quien está decidido a sacrificar a su hija y a su nieto Perseo; pero Zeus (padre del niño) decide salvarles y arrasar la ciudad en castigo. Con el tiempo, Perseo se hace fuerte y aunque abandonado por la diosa Thetis, los dioses le proporcionan una prodigiosa espada capaz de cortar la piedra, un casco que le hace invisible, y un escudo que le protege de cualquier daño.

El guionista añadió algunos elementos a esta

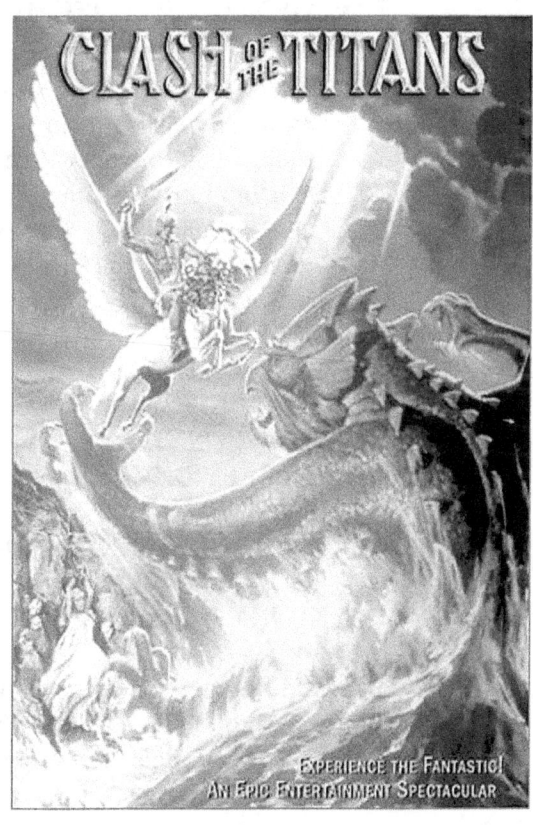

historia mítica, como el búho mecánico, y un romance intenso con la encantadora Princesa Andrómeda, lo que genera la ira de los enemigos y una violencia que ya no cesará en toda la narración. Por supuesto, la sucesión de grandes monstruos, entre ellos el temible Kraken, prende intensamente en el espectador, generando así una de las películas fantásticas más imaginativas, solamente rivalizando con *Simbad y la princesa*. Importantes desde el punto de vista de los efectos especiales, son las escenas de la domesticación de Pegasus y la captura de Medusa. Como secundario de lujo tenemos a Lawrence Olivier en el papel de Zeus, aunque en esta ocasión no parecía muy a gusto en su papel, al menos si juzgamos por su eterna sonrisa burlona.

LOS HÉROES DEL TIEMPO
Time Bandits (1980)

Productor: Terry Gilliam
Productor ejecutivo: George Harrison
Director: Terry Gilliam
Guión: Michael Palin y Terry Gilliam
Canciones: George Harrison
Música adicional: George Harrison

Intérpretes:
JOHN CLEESE: Robin Hood
SEAN CONNERY: Rey Agamenón
SHELLEY DUVAL: Pansy
IAN HOLM: Napoleón
RALPH RICHARDSON: Dios supremo
PETER VAUGHAN: Ogro
KENNY BAKER: Fidget

Las primeras reacciones cuando estamos viendo *Los Héroes del Tiempo* son que se trata de un filme ingenioso y bien producido. Las ubicaciones históricas se muestran con el carácter y el detalle adecuado, mientras que la acción es bastante desenfrena-

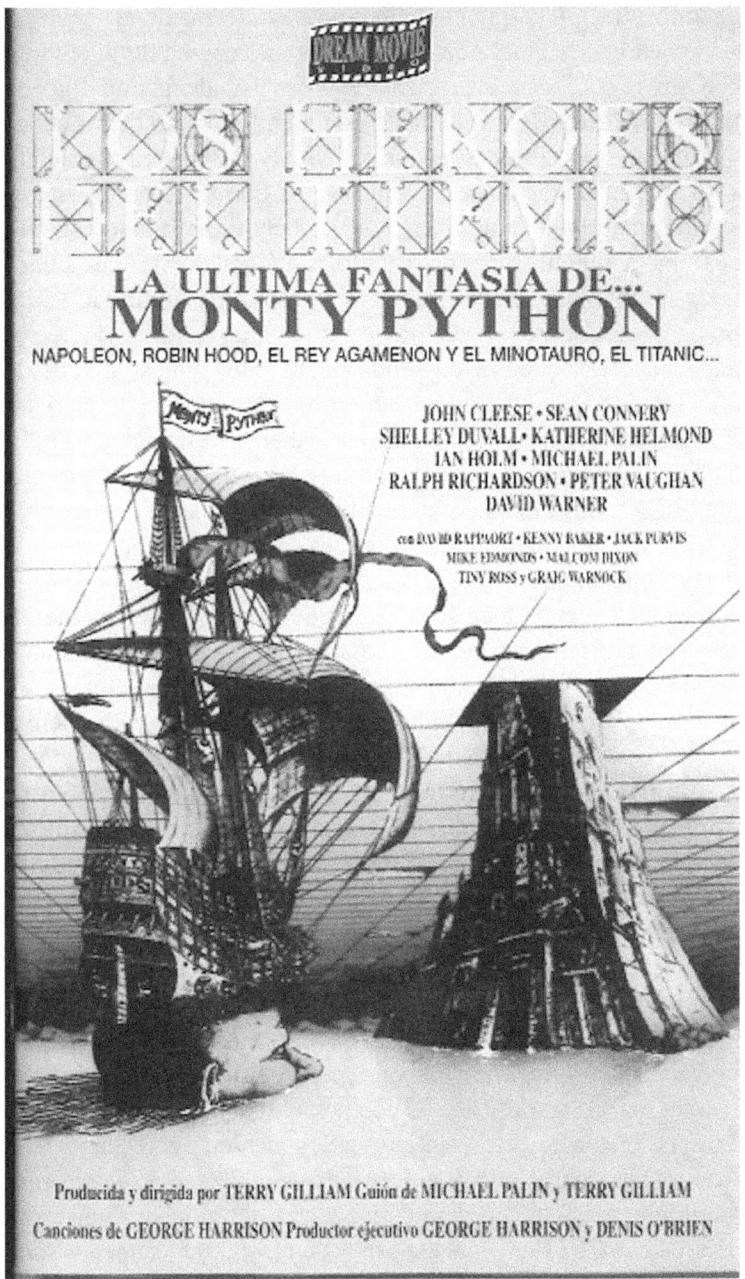

da, quizá tan vivaz que no da tiempo a reponerse de la sorpresa. Quien la contemple como una delirante página de un cómic, con sus reyes, princesas, gigantes y brujas, además de algunas bestias, disfrutará enormemente con ella, lo mismo que quienes manifiesten ser admiradores de los Monty Python. El problema, si es que lo podemos considerar así, es que tiene tantos ingredientes que se nos atragantan. Aún no hemos disfrutado con uno cuando ya tenemos encima dos o más alicientes. Si no es amante de las fábulas y de las películas de fantasía no trate de verla; pero si desea reírse y asombrarse ante la gran cantidad de personajes históricos y de leyenda que salen, todos juntos, aunque de uno en uno, con diálogos extraordinarios, no se la pierdan. Posiblemente aún hoy los críticos no saben si se trata de una película genial o un engendro mayúsculo; yo estoy seguro de lo primero. De todas maneras, le garantizamos el mareo y es posible que esa noche tenga sueños infantiles.

La película nos cuenta la historia de un niño y seis enanos que corren velozmente, bien sea a través del tiempo, o de sus enemigos, gritando continuamente y tratando de salvar a la Humanidad de mil peligros. La imaginación del guionista y director es tan desbordante que a más de uno le ha cogido desprevenido, pero a nosotros nos ha entusiasmado.

Comienza con un niño que se va a acostar una noche en su cama y se queda asombrado, como nos ocurriría a nosotros, cuando un jinete a galope entra en su habitación rompiendo la pared, desatándose en ese momento una gran batalla. Lógicamente, los padres duermen tan profundamente (¿o estaban haciendo otra cosa?) que no se enteran de nada. Por eso el niño se une a los seis enanitos malhumorados y se embarcan en una odisea atravesando la historia en una máquina del tiempo invisible. Por lo que nos cuentan, parece ser que los enanos tienen un mapa que describe la ubicación de varios agujeros en el tiempo. Mediante estos agujeros ellos pueden aparecer junto a Robin Hood, Napoleón, y el Rey Agamenón, además de navegar en un barco situado encima de la cabeza del gigante Titán. Este cíclope es tonto, tiene una esposa fea e insoportable, apenas sabe hablar y, además, le duele mucho la cabeza cuando nuestros amigos le insertan clavos en el cráneo. Por eso está siempre malhumorado y es mejor estar lejos de él.

Así, de una manera resumida (es imposible describir todo cuanto sale en este filme), esto es lo que podemos ver en *Los Héroes del Tiempo*, además de una larga serie de chistes y situaciones cómicas como es habitual en su director. ¿Dónde situamos la película? Obviamente es una fantasía, también una obra cómica, una sátira de los cuentos de hadas, una historia para niños y en ocasiones una burla de la sexualidad reprimida. Imposible definirla sin equivocarnos. La dirección del filme es soberbia, eso es innegable, lo mismo que el argumento y la labor del diseñador de producción y el director artístico, así como el creador de los disfraces Jim Acheson. Si la catalogamos, por tanto, por sus méritos artísticos es una obra genial, aunque no haya sido un éxito económico al no estar dirigida a un público en concreto. No es una película para niños aunque algunos niños se emocionen con ella, ni tampoco es similar a otras de los Monty Python porque no es tan cómica, sacrificándose ambas direcciones para lograr un intenso espectáculo visual.

HULK
The Hulk (2003)

Dirección: Ang Lee.
Guión: James Schamus y Michael France a partir de los personajes creados por Stan Lee y Jack Kirby.
Música: Mychael Danna.
Fotografía: Frederick Elmes.

Intérpretes
ERIC BANA: Bruce Banner
JENNIFER CONNELLY: Betsy
SAM ELLIOTT: Ross
NICK NOLTE
LOU FERRIGNO

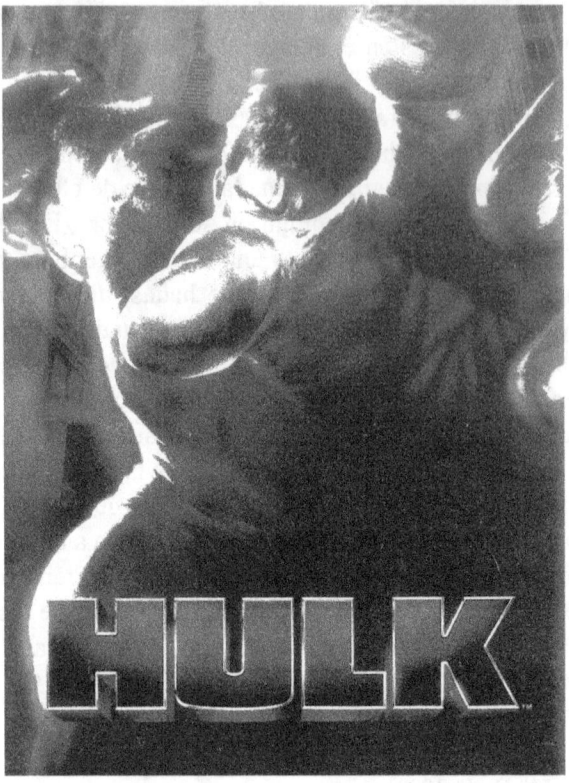

Dirigida por el polifacético taiwanés Ang Lee, quien realizó anteriormente "Sentido y sensibilidad", "El banquete de bodas" y "Tigre y dragón", nos recrea ahora la azarosa vida del gigante verde creado por Stan Lee y Jack Kirby, un pedazo de pan como humano, pero destructivo e incontrolable cuando adopta la forma de este moderno Frankenstein. En esta ocasión, sin embargo, los milagros de la informática consiguen que ningún culturista ganador del Mister Universo vuelva a mostrar sus músculos.

La trama quiere ser fiel al cómic original, y vemos a Bruce Banner (Eric Bana) como el científico que intenta crear un ejército de cibersoldados para colonizar Marte. Algo sale mal y su organismo se ve afectado, transformándose en un gigante verde de fuerza prodigiosa cada vez que se enfurece o pierde el control. Eso le obliga a alejarse del mundo para no poner en peligro a nadie, sobre todo a Betsy (Jennifer Connelly), aunque su padre, el general Ross (Sam Elliott) le perseguirá sin tregua.

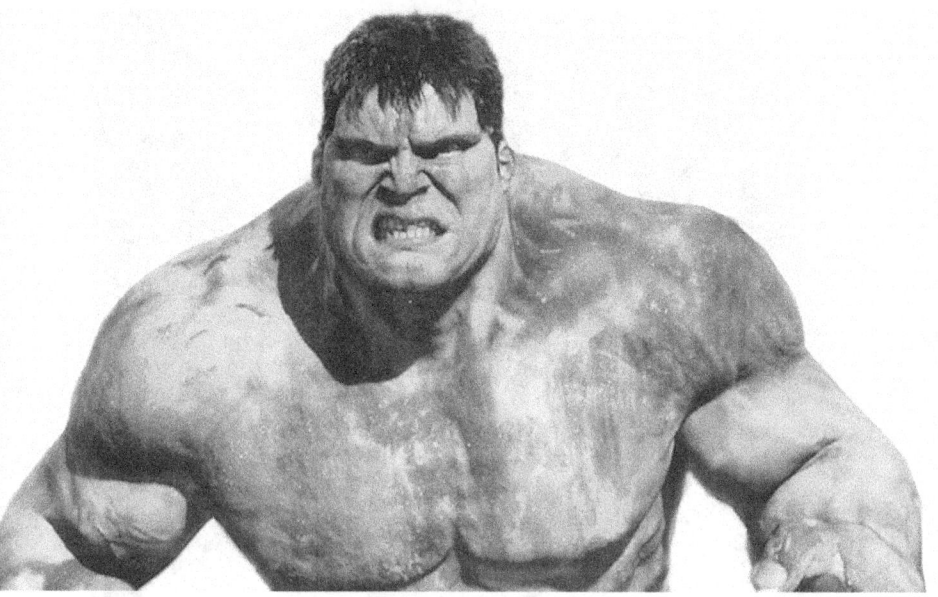

La película podemos considerarla como un proyecto malo grado, tanto que no se vislumbra una continuación. El problema es que se trata de un monstruo que pasa más tiempo huyendo que machacando edificios y, además, que salta como un saltimbanqui circense. Su gran fortaleza no le sirve apenas de nada, ya que la chica que quiere no soportaría un abrazo efusivo. Por eso el espectador se quedó confuso, pues no sabía si era un superhéroe, un cíclope o un amante frustrado. A destacar la recuperación de la bellísima Jennifer Connelly, quien había saltado a la fama por "Dentro del laberinto", así como el cameo de Lou Ferrigno, anterior monstruo en la serie de televisión "El increíble Hulk".

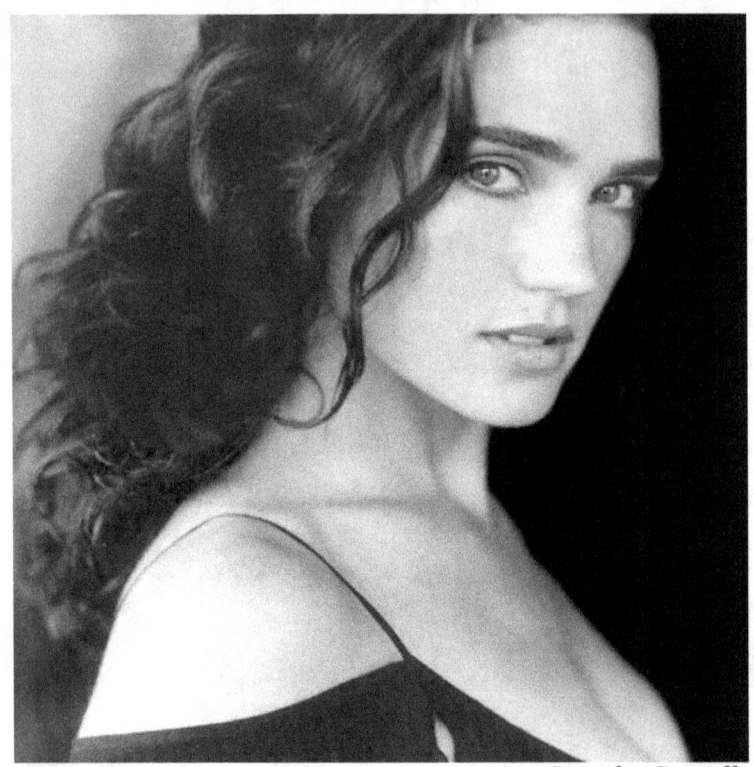

Jennifer Connelly

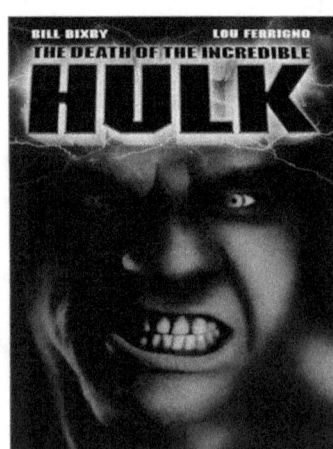

La primitiva serie de TV

DRAGONES

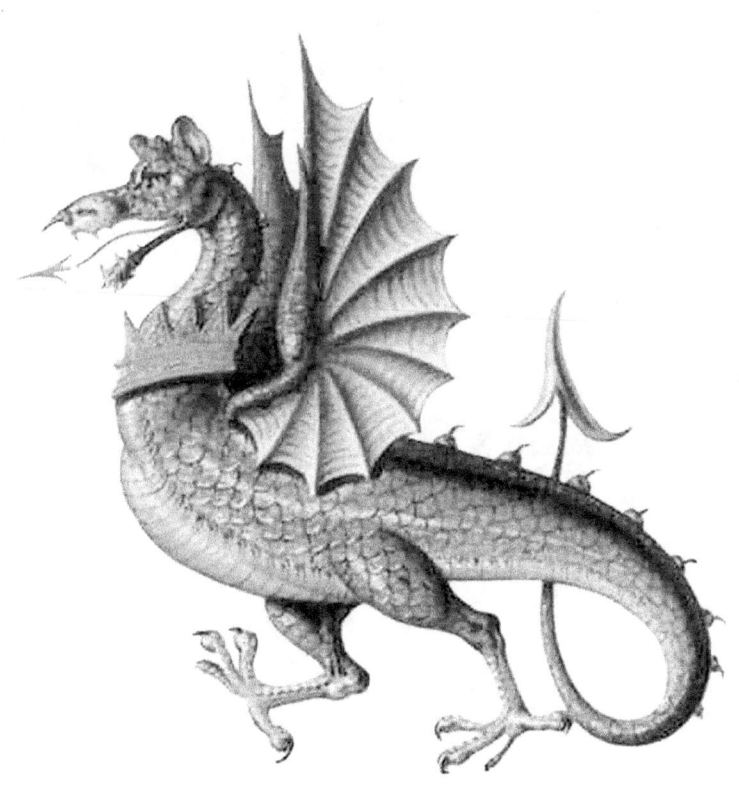

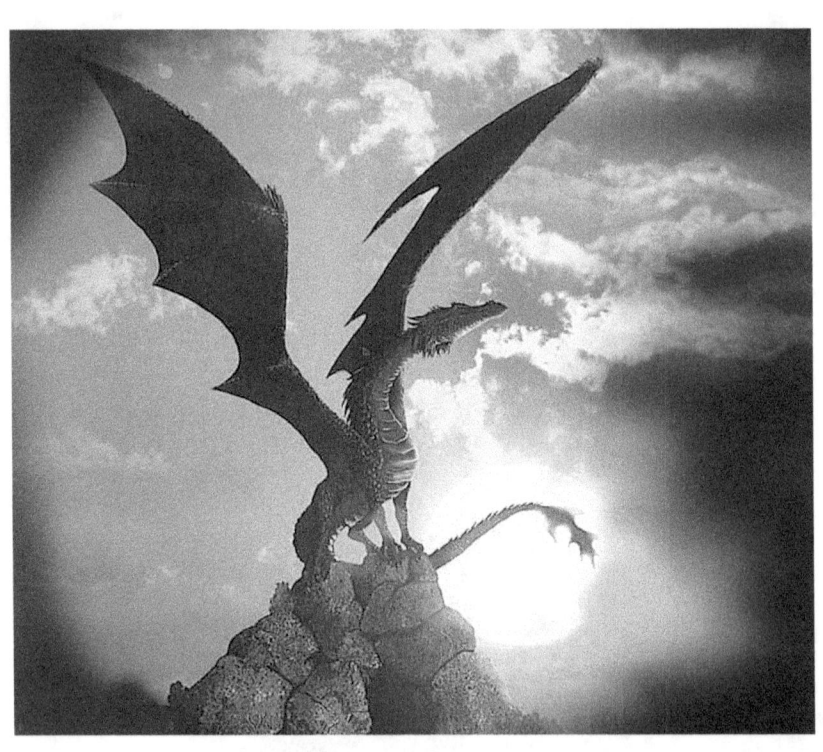

Aunque ahora nos aseguran que los dragones nunca existieron, para nuestros ancestros eran las criaturas más fantásticas de su entorno y las que más pasiones despertaban. Nosotros siempre dudamos de los científicos cuando nos hablan de seres y sucesos ocurridos hace miles de años, pues solamente se basan en las pruebas encontradas. Muy probablemente existirán numerosos restos aún no encontrados de otras criaturas, lo mismo que posiblemente otras señales hayan desaparecido para siempre. Es como centrar la existencia de los hombres primitivos en las cavernas, cuando es obvio que debieron habitar toda clase de lugares, unos frondosos, otros llanos y fértiles, algunos en las montañas, y muchos cerca de ríos y lagos.

La única razón para decir que los dragones nunca existieron es que no hay pruebas de su existencia, pero tampoco las hay de su no existencia. Si existieron los pterodáctilos y otras aves gigantescas, es probable que en algún momento de la historia pudieran existir grandes animales voladores que se mencionaron como Dragones. La mitología china está llena de ellos, lo mismo que la escandinava y la irlandesa, lo que nos indica que, de existir, debieron habitar zonas de bosques y humedades, pues no hay descripciones de ellos en el antiguo Egipto, por ejemplo.

Las leyendas los describen como criaturas de enorme poder, grandes y fieros, ansiosos de comer carne humana y con el poder de emanar un aliento de fuego de su enorme y dentada boca. La palabra que le da origen, "drakos", significa serpiente en griego antiguo, pero aunque algunos dragones gráficos parecen una especie de gran serpiente, a nosotros se nos asemeja más a un lagarto, con su piel llena de escamas y cortas patas acabadas en garras para agarrar con firmeza, sin contar con las alas.

A lo largo de la historia ha sido temido, más por su próxima venida que por su presencia efectiva, pero a la vez en muchas culturas se le adoraba como a un dios, lo que resulta un contrasentido cuando otros deciden enviar a un héroe para que le destruya. Además, ¿para qué quiere un dios tantas bellas doncellas?

Los dragones descritos en Europa arrojaban fuego, envenenaban las aguas y raptaban doncellas, pero mucho nos tememos que las dos últimas opciones no eran asunto propio de ellos, y esos actos eran efectuados simplemente por bandidos avispados. ¡Qué viene el dragón! –dicho con voz temerosa y potente- era suficiente para que todos pusieran pies en polvorosa, dejando el botín sin guardias, y si con las prisas se caía alguna bella doncella al suelo, pues también se la llevaban.Igualmente se les culpaba de las plagas y la carestía de alimentos, pues por entonces se les consideraba con poder para maleficios, quitando así a los políticos de cualquier responsabilidad. En Asia, particularmente en China, también se les consideraba como criaturas reales de gran poder, aunque en este caso sus efectos eran más benéficos para los habitantes, instaurándose un culto que aún perdura. Venerados como dioses y recreados en las ceremonias religiosas y fiestas, vivieron su mejor época y lugar gracias a que podían proporcionar la lluvia y otorgar fertilidad a las tierras.

La pregunta que nos viene a la mente es cómo podían existir dos tipos de dragones, en Europa y Asia, tan dispares en sus actos, pero poseedores de la misma fisonomía, si supuestamente nunca existieron. Además, ¿cómo es posible que una leyenda formara parte de los emblemas y escudos de los reyes? San Jorge peleó con el dragón, los romanos los pintaban en sus estandartes, los persas llevaban grandes figuras de dragones a sus batallas, los escandinavos los incluían en las proas de sus barcos, y el clero los consideraba como elementos demoníacos venidos de las mismas entrañas de la tierra. Demasiadas personas, lugares y épocas distintas para un mito al que nadie había visto realmente. ¿O sí?

En América, sin embargo, no hay nada que les mencione, quizá porque allí nunca estuvieron. Por eso poco a poco la leyenda de los dragones se perdió, y hoy en día se les considera solamente como seres mitológicos, aunque deberíamos realizar un nuevo estudio más profundo para averiguar qué había detrás de tanta leyenda. Ocultos como estaban en épocas pasadas, alojados en cuevas y lugares sombríos, muy posiblemente se extinguieron sin que nadie supiera nunca dónde moraban, quizá en sitios todavía inaccesibles para los seres humanos.

PELÍCULAS

LA BESTIA DEL REINO
Jabberwocky (1977)

Director: ferry william
Guión: Ferry William, Charles Alverson

Intérpretes:
TERRY GILLIAM
TERRY JONES
MICHAEL PALIN
MAX WALL
DAVID PROWSE

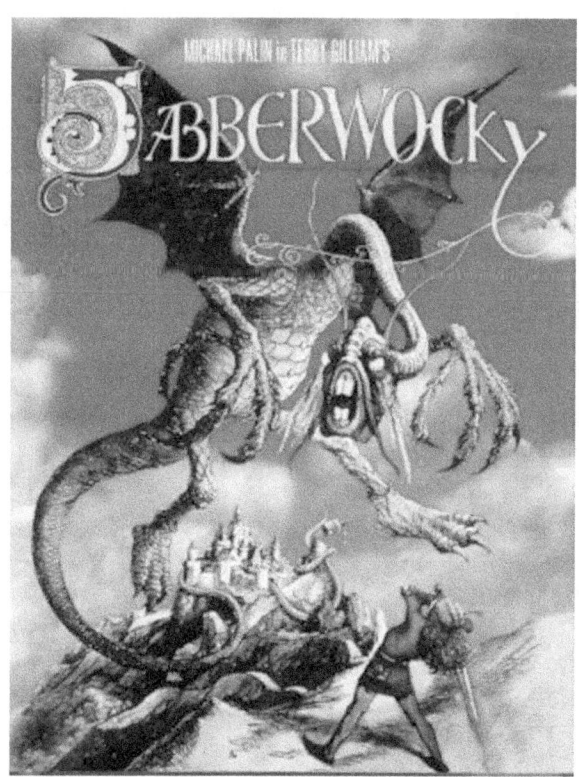

Dentro de las desiguales películas realizadas por el grupo Monty Python, ésta resulta la única que podemos considerar como tragicómica, un género difícil de entender por el aficionado. Por ello, si usted espera ver una secuela de "Los caballeros de la mesa cuadrada" se sentirá defraudado, lo mismo que si espera situaciones especialmente jocosas. Ahora el protagonista es una bestia sanguinaria y vil, semejante a un dragón infernal, la cual está arrasando el reino medieval del monarca Bruno, aunque éste solamente está preocupado por casar a su bella y virginal hija.

Esta historia parece interesante, especialmente lo del dragón, por lo que si tiene paciencia para llegar a la segunda parte conseguirá disfrutar con el conjunto, aunque sus risas sean muy comedidas. Las mejores escenas resultan curiosas en una cinta de Monty Python, pues son precisamente las más aterradoras y conmovedoras, e incluso podría afirmar que son más sangrientas de lo deseable, pues es difícil reírse cuando vemos a personas siendo masacradas por un dragón tan sangriento. No obstante, cuando el caballero elegido para matar a esa bestia decide intentarlo, es cuando comienza la parte más importante del filme, pues es tan torpe y estúpido, que sentimos pena por él. Bien, al menos el premio que tendrá si lo consigue es sustancioso: la mitad del reino y la mano (bueno, todo el cuerpo) de la bellísima princesa.

DRAGON HEART
Corazón de Dragón (1997)

Director: Rob Cohen

Intérpretes:
DENNIS QUAID
DAVID THEWLIS
DINA MEYER
JULIE CHRISTIE

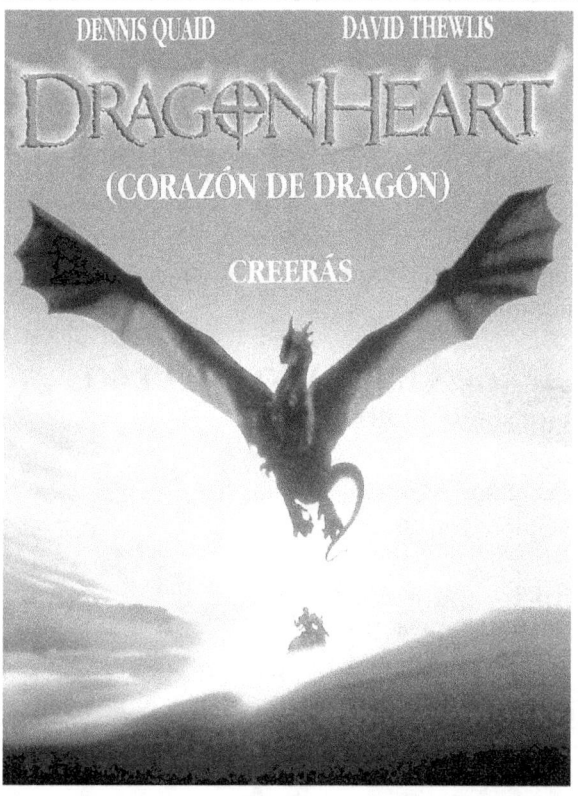

Hace mucho tiempo, cuando los dragones surcaban el cielo y arrojaban su aliento de fuego, existió un caballero que se enfrentó a una de estas criaturas. Bowen es el guerrero, protagonizado por Dennis Quaid, en esta aventura fantástica llena de sorprendentes efectos especiales. Para él su honor lo supone todo, pero cuando su pupilo el príncipe Einon se convierte en el rey más cruel, incluso más que su padre, sus ideales quedan destruidos. Creyendo que el alma del príncipe ha sido envenenada por un dragón, decide destruir a todos, aunque en su búsqueda conoce a Draco, quizá el único dragón cuyo poder, ingenio y fuerza pueden hacer frente a cualquier caballero.

La cinta consiguió reavivar las legendarias historias medievales, con espadas, carreras a caballo y castillos convertidos en fortalezas inexpugnables. Ahora, además, la fantasía se duplica

153

cuando vemos volar a ese gran dragón, el más inteligente de todos, y posiblemente el único que puede hablar, aunque su voz está ya apagada por el paso de los años. Envejecido y cansado de pelear con cuantos caballeros quieren matarle para agradar a alguna dama de altos pechos, está oculto en una cueva hasta que nuestro amigo decide despertarle. El espectador se encariña enseguida con este bicho alado, pues posee tanta filosofía que deslumbra a sus interlocutores, por lo que nos conmovemos con su fatal destino.

EL DRAGÓN DEL LAGO DE FUEGO
Dragonslayer (1981)

Director: Matthew Robbins
Guión: Hal Barwood

Intérpretes:
PETER MAcNICOL: Galen
CAITLIN VLARKE: Valerian
RALPH RICHARDSON: Ulrich
JOHN HALLAM: Tyrian

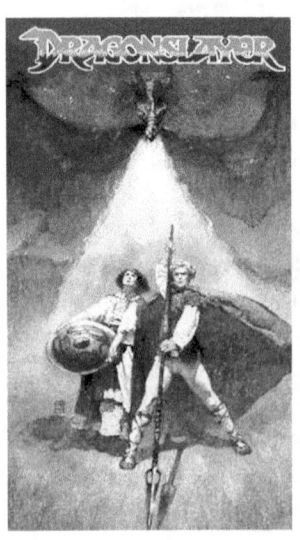

En un reino medieval de Europa del norte un rey ha hecho un pacto con un dragón por el cual, a cambio de sacrificarle doncellas vírgenes, no atacará a su reino. Sus súbditos no están de acuerdo con ello, y van en busca de un poderoso mago y su aprendiz para que acabe con el malvado lagarto alado.

Correctamente interpretada, es considerada como una obra interesante, especialmente porque pertenece a la época anterior a los efectos especiales computerizados y es una historia apta para todas las edades, lo que no quiere decir moralizante. En esos años salieron diversos títulos similares, como "Conan", "Willow" y "Legend", sin olvidar "La historia interminable", en donde se pretendía dotar al género fantástico de unos alicientes alejados de la temática espacial. Indudablemente la propia historia europea es rica en leyendas, algo de lo que carece América del Norte, y en estas historias hay dragones, virginales chicas, y valientes guerreros dispuestos a matar a unos y hacer el amor con las otras, sin equivocarse en el orden.

Gracias a la imaginación, la carencia de medios técnicos no ha impedido que las escenas del dragón tengan el adecuado realismo, aunque se lo debemos a la firma IL&M. Obtuvo 2 nominaciones a los Oscars: uno a los mejores efectos especiales y otro a la mejor banda sonora.

EL IMPERIO DEL FUEGO
Reign of Fire (2002)

Director: Rob Bowman
Guión: Gregg Chabot, Kevin Peterka
Fotografía: Adrian Biddle
Música: Ed Shearmur

Intérpretes:
CHRISTIAN BALE: Quinn
MATTHEW McCONAUGHEY: Van Zan
IZABELLA SCORUPCO: Alex Jensen
GERARD BUTLER: Dave Creedy

Esta co-producción USA-Irlanda-Reino Unido, está dirigida por quien nos ha deleitado durante años con la serie "Expediente X", y cuenta con los efectos especiales creados por la desaparecida The secret lab, los artífices de *Dinosaurio*.

La trama nos lleva a un cercano mundo futuro, cuando la Humanidad casi ha desaparecido por culpa de la invasión de unos gigantescos dragones, los cuales han conseguido sobrevivir

155

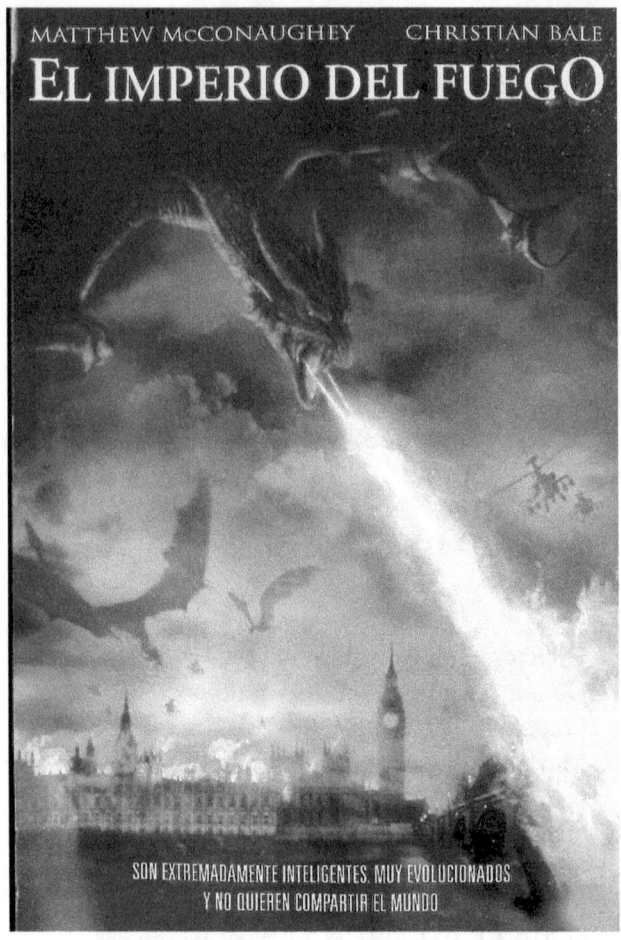

MATTHEW McCONAUGHEY   CHRISTIAN BALE

EL IMPERIO DEL FUEGO

SON EXTREMADAMENTE INTELIGENTES, MUY EVOLUCIONADOS
Y NO QUIEREN COMPARTIR EL MUNDO

incluso a las potentes bombas nucleares. No obstante, unos aguerridos luchadores logran matar precisamente al único macho superviviente, con lo cual los nuevos huevos no podrán ser fertilizados. El guionista no nos explica cómo es posible que solamente quede un macho, pero se lo perdonamos, lo mismo que el hecho de que una sencilla flecha explosiva logre lo que tantas armas no lograron antes.

Con una fotografía excelente del mismo autor de las dos versiones de "La Momia", unos discretos actores, y unos decorados dignos de tal nombre, el filme consigue plenamente su propósito, que no es otro que entretenernos. Galardonada con el primer premio a los mejores efectos especiales otorgado en Sitges, esta réplica a *Dragon Heart* se muestra tacaña precisamente en mostrarnos a los dragones, los auténticos protagonistas, aunque no por ello es motivo de reproche.

KOMODO
(2004)

Director: Michael Lantieri

Intérpretes:
HILL HENNESSY
BILLY BURKE
KEVIN ZEGERS
PAUL GLEESON

Una bestia creada por el mismo especialista en efectos especiales que nos asombró con *Hulk*, *Parque jurásico* y *Monority Report,* nos lleva ahora hasta una isla en donde una raza de reptiles se ha convertido en depredadores implacables. Unos dragones de la especie Komodo, muy agresivos, pero hasta entonces controlados por los humanos, atacan a una familia matando a los padres y dejando huérfano al pequeño Patrick, quien nunca olvidaría ese trauma. Una vez crecido, su psiquiatra le recomienda que para estabilizar su

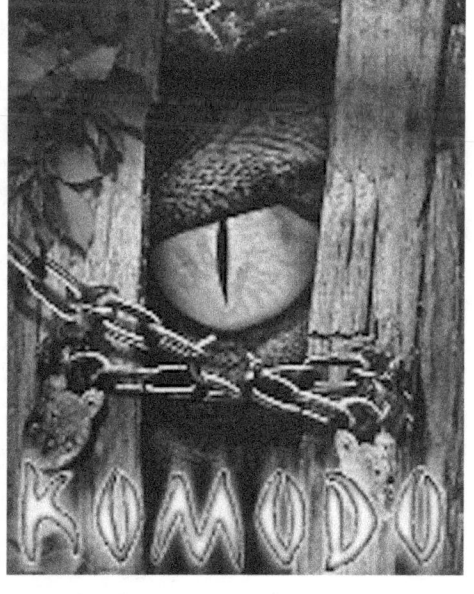

157

mente debe ir de nuevo hasta esa isla maldita, pero allí se encuentra con una compañía petrolífera tan maquiavélica e insensible como los animales.

Estos dragones realmente no son como esos otros mitológicos, capaces de elevar el vuelo y escupir fuego, pero el director seguramente ha comprendido la sugerencia e insiste en que deben dar más miedo porque son reales; vamos, que nos los podemos encontrar en cualquier jardín florido. El problema es que el espectador no consiguió captar el mensaje y el desastre comercial fue rotundo, y eso que aportó cierta dosis de miedo.

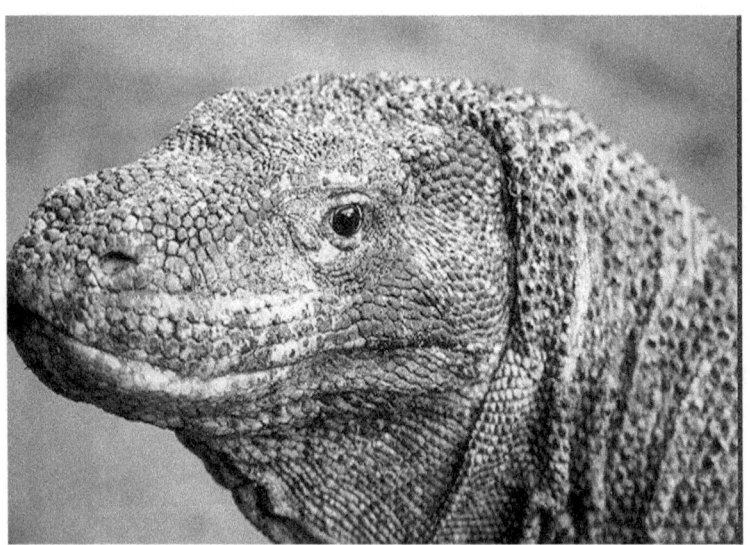

OTROS ENGENDROS

(ARAÑAS, MURCIÉLAGOS, BICHOS DIVERSOS)

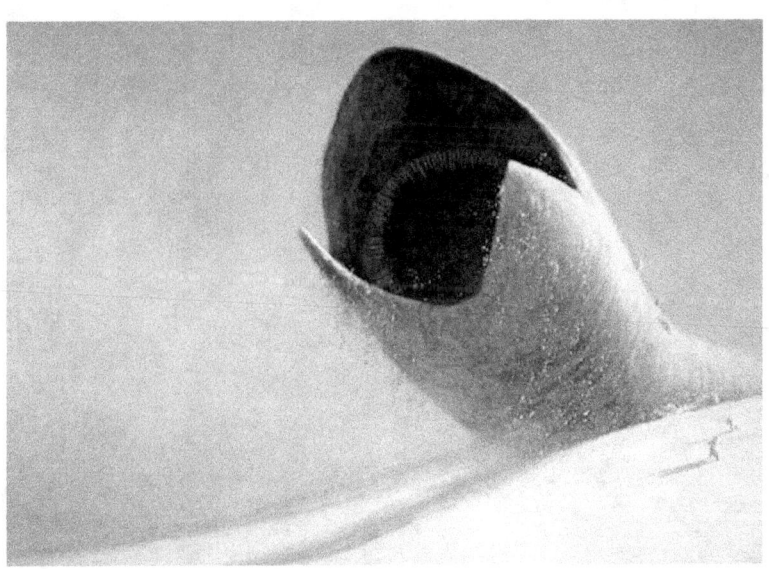

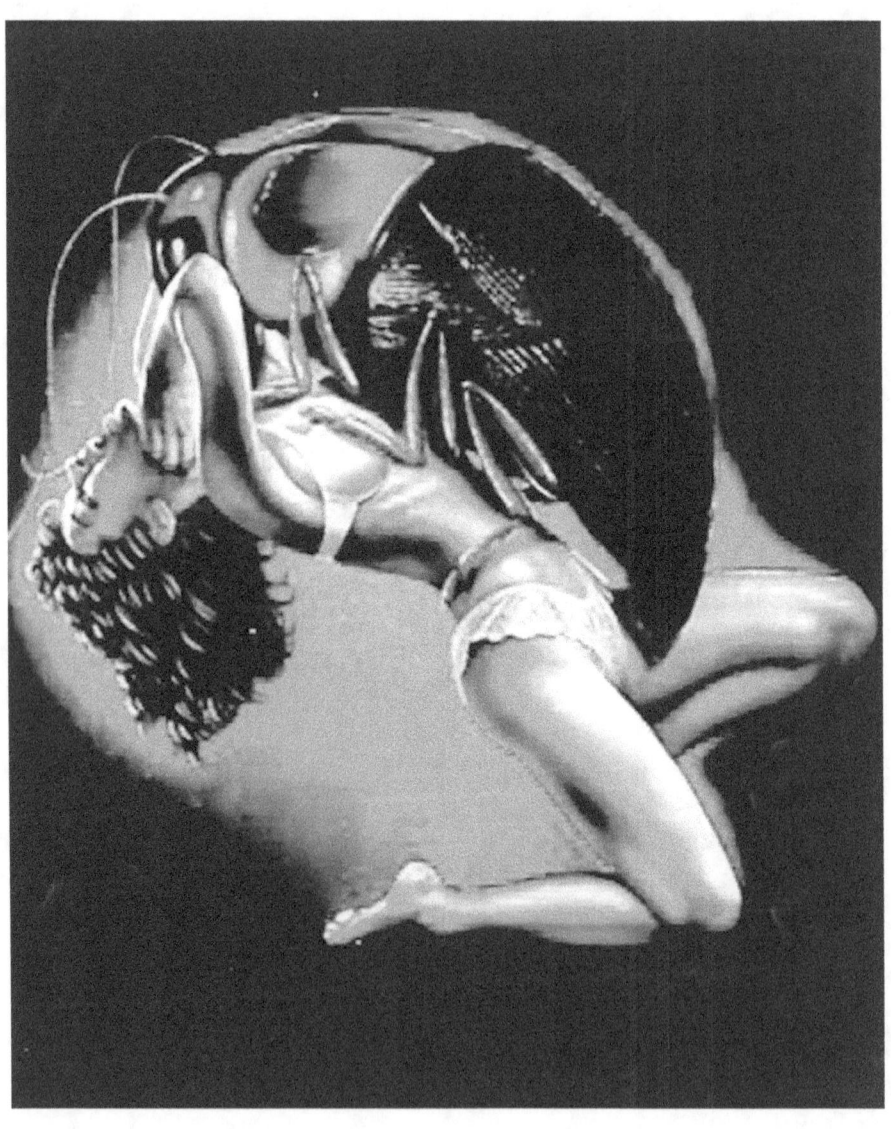

Resulta paradójico que los seres más pequeños que existen en la naturaleza sean los que más pánico causen en la mayoría de los mortales, incluso a los guerreros más valientes. Piensen en una noche durmiendo plácidamente en su cama, mientras una cucaracha o una araña sube lentamente por las sábanas en dirección justo a su boca, en ese momento ligeramente entreabierta. Si esto ya le da pánico, imagínese que esa araña ha tomado la cuna de su bebé como su territorio personal para poner el nido y telaraña, bien camuflado todo para que usted no lo perciba.

Esos pequeños seres nos causan pavor, incluso tanto como cualquiera de los monstruos gigantescos descritos en este libro, demostrándonos que el ser humano puede ser devorado o envenenado por cientos de especies que pululan a nuestro alrededor, incluso por insectos que podrían ser aplastados por nuestro zapato sin problemas. Por si fuera poco, otros organismos, aún más pequeños, nos invaden diariamente nuestro cuerpo sin que apenas podamos hacer nada más que esperar sus efectos, tal y como hacen las bacterias y los virus, para la mayoría de los cuales apenas existen antibióticos eficaces.

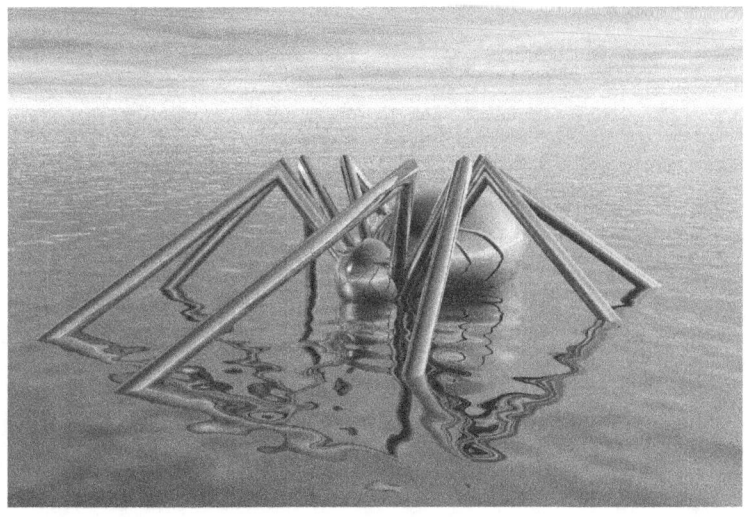

PELÍCULAS

LA HUMANIDAD EN PELIGRO
Them (1954)

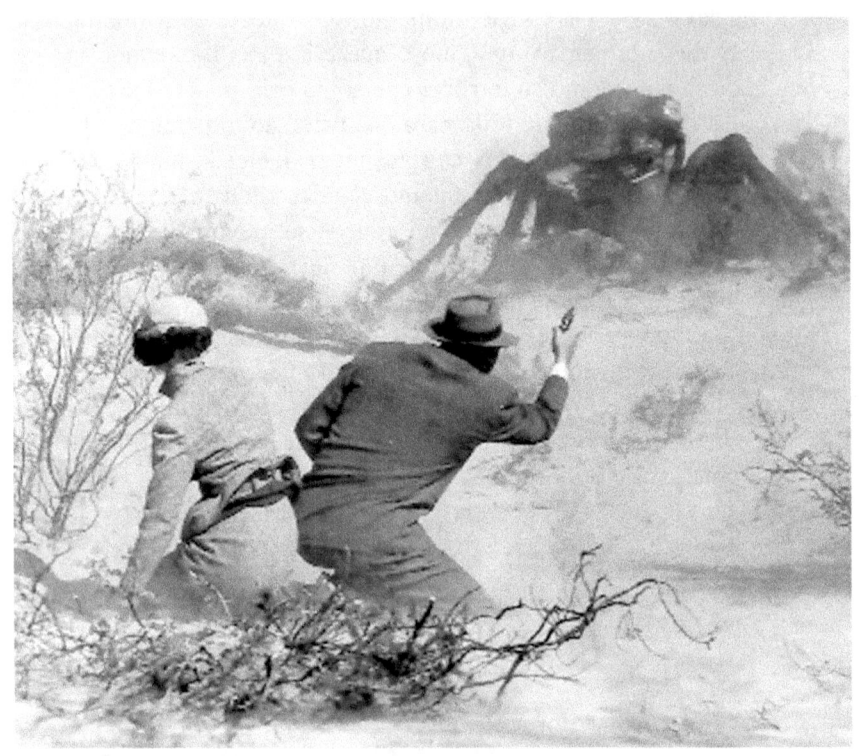

Argumento: George W. Yates
Decorados: Bernsent
Director: Gordon Douglas

Intérpretes:
JAMES WHITMORE: Ben Peterson
JOAN WELDEON: Patricia
EDMUND GWEEN: Dr. Harold
JAMES ARNESS: Robert Graham

Como consecuencia de las radiaciones atómicas, las hormigas que viven en el desierto de Nuevo México son afectadas y sufren unas mutaciones que las convierten en gigantescas. Gracias a la colaboración entre un policía, un sabio científico y hasta una guapa chica, consiguen encontrar su guarida y allí las atacan con los lanzallamas del ejército.

Para poder dar realismo a algunas escenas se incluyeron hormigas reales aumentadas con trucos ópticos, mezcladas con maquetas gigantescas accionadas mediante cables oportunamente camuflados. Aunque la película no tiene ningún elemento de especial interés, lo cierto es que consigue mantener la tensión en el espectador y hoy en día es considerada ya un clásico del género.

A destacar la presencia de un soberbio actor como fue Edmund Gween y de James Arness, a quien podemos recordar interpretando anteriormente el papel de alienígena en *El enigma de otro mundo*. La película tuvo un éxito notable en su momento, quizá porque el público americano estaba muy sensibilizado por las consecuencias de las radiaciones atómicas, especialmente después de las acciones contra Hiroshima y Nagasaki.

LA MUJER Y EL MONSTRUO
Creature from the black lagoon (1953)

Director: Jack Arnold
Productor: William Alland
Guión: Harry Essex, Arthur Ross
Basada en la historia de: Maurice Zimm
Efectos especiales: Charles S. Welbourne
Maquillaje: Bud Westmore

Intérpretes:
JULIA ADAMS: Kay Lawrence
RICHARD CARLSON: David Reed
RICHARD DENNING: Mark Williams
ANTONIO MORENO: Carl Maia

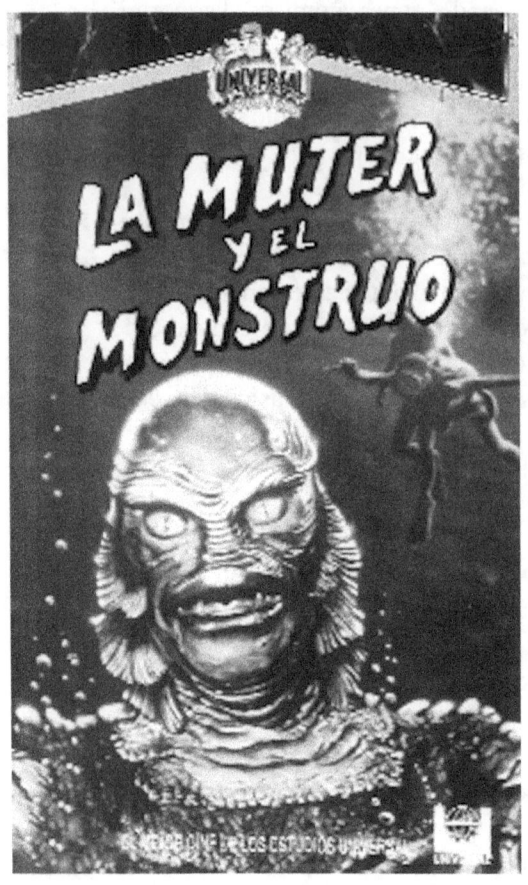

Uno de los grandes éxitos del cine de terror de entonces (se filmó también en 3D), del cual se hicieron dos secuelas más, ninguna de las dos llegadas a España. Con una base ecológica que hoy hubiera hecho las delicias de sus defensores, vemos el empeño por sacar de las profundidades marinas, y matarlo posteriormente, a un monstruo mitad hombre, mitad pez. En este caso, el científico que se opone a la muerte de la criatura hace el papel de fanático irracional.

La belleza de Julia Adams, quien se pasea durante toda la película con un bañador que hizo furor, hasta el punto de afirmarse que mostraba las piernas más bellas del momento, y el buen logrado monstruo, fueron la mezcla perfecta para el éxito. El mito de la Bella y la Bestia se nos recrea ahora con ligeras variantes, pero quien tiene todas las de perder es nuestro celacanto prehistórico, grande, fuerte, pero algo torpe para llevarse a las profundidades marinas a su amada. Hubo quien insinuó una escena de amor entre la bella y el monstruo, e incluso un hijo de ambos, pero la férrea moral de aquellos días anularon cualquier intento de morbo y hasta las manos de la Criatura debían tocar a la chica solamente en los lugares adecuados.

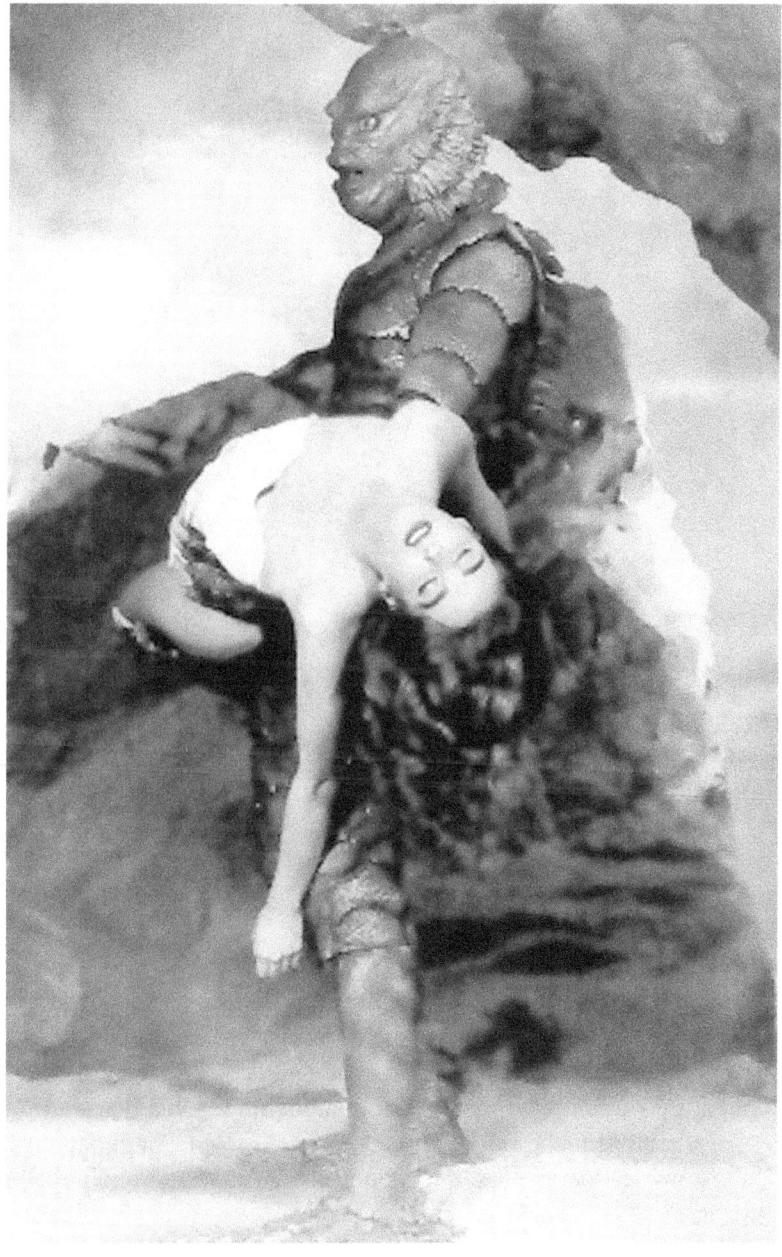

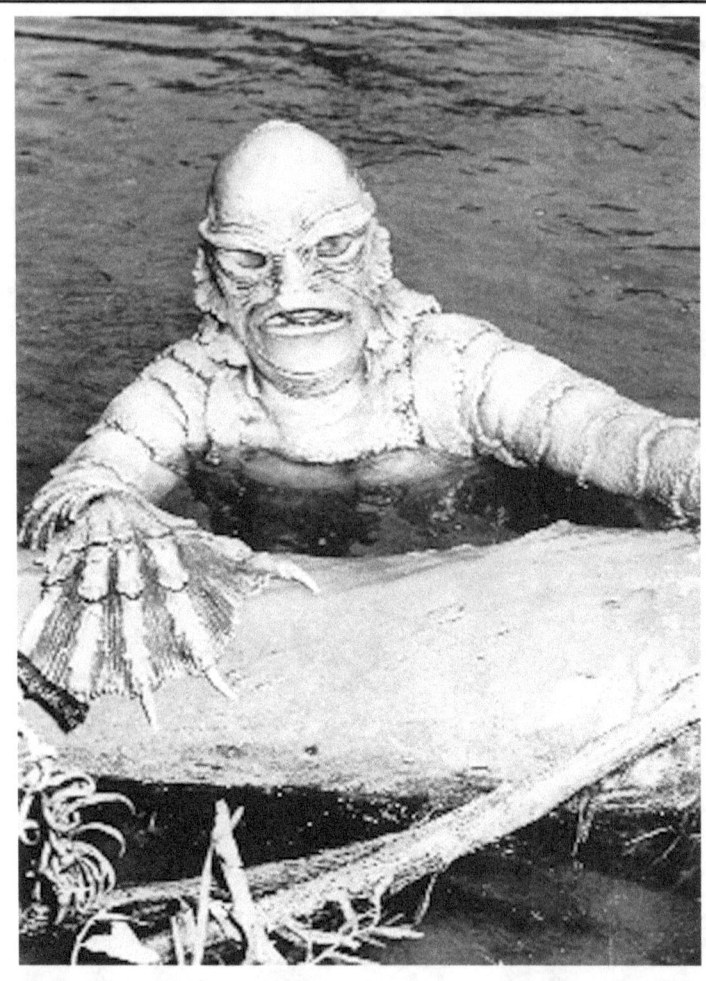

    Rico Browning fue el extraordinario nadador que dio vida al Monstruo de la Laguna Negra, al mismo tiempo propietario de un espectáculo acuático en Wakulla Springs, siendo precisamente en este lugar donde se rodaron algunas de las escenas. Sin embargo, para las escenas terrestres su metro ochenta de estatura resultaba pequeño, y por ello contrataron a Ben Chapman, un gigantón de dos metros que podía andar majestuosamente y coger en volandas a la guapa protagonista.

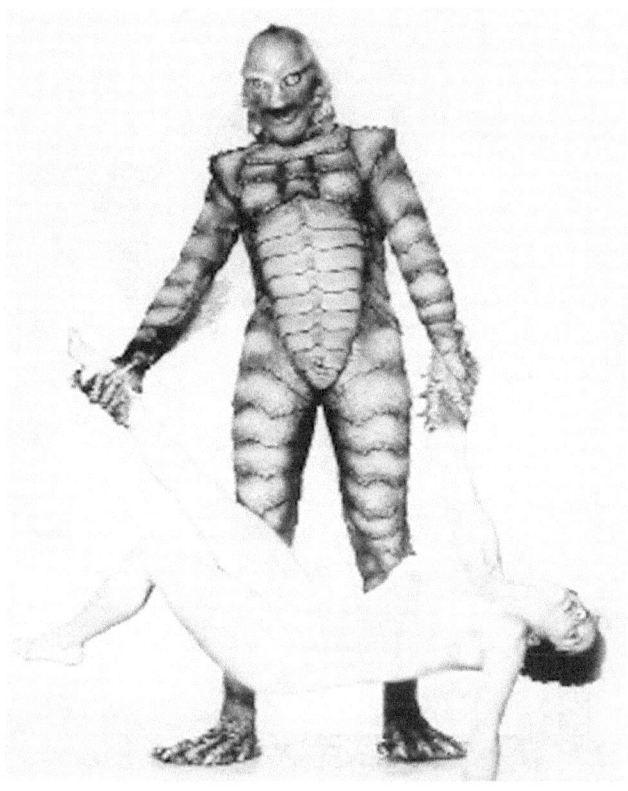

El traje, de un color verde y marrón fuerte, costó 18.000 dólares y se tardó nueve meses en construir, empleándose nada menos que 32 modelos de cabezas y un total de 50 kilos de goma espuma. El resultado final fue el deseado: la criatura daba miedo, pero también inspiraba dulzura y compasión. Para darle más realismo, las agallas del hombrepez estaban conectadas a unos tubos de goma disimulados por la parte de atrás del traje, las cuales se inflaban a voluntad, dando así un efecto de pez que respira.

Hubo una segunda parte, titulada "El regreso de la criatura", en la cual el único que continuaba es el hombrepez, esta vez rescatado de la Laguna Negra del Amazonas y exhibido en una feria. Dado que se contaba con el mismo guionista y el atractivo

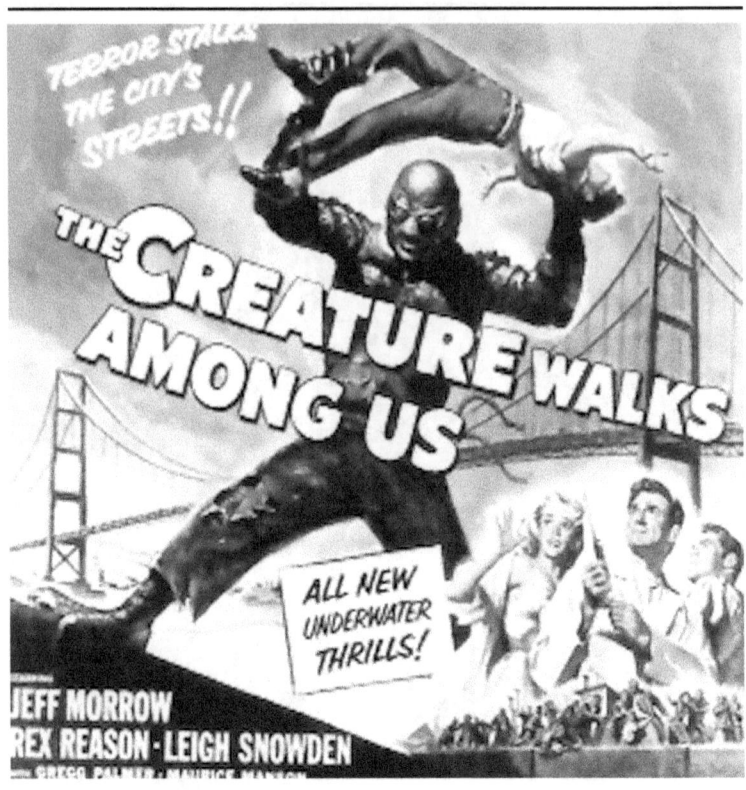

del 3D, la película fue bien acogida donde se estrenó, que fue en pocos países. La tercera y última entrega, "The criature walks, amongs us", solamente consiguió recoger las migas económicas de los anteriores, y el mito desapareció.

TARÁNTULA
(1955)

Director: Jack Arnold
Guión: Robert M. Fresco y Martin Berkeley
Basada en una historia de Jack Arnold y R. M. Fresco
Fotografía: George Robinson
Efectos especiales: Clifford Stine, David S

Intérpretes:
JOHN AGAR: Dr. Matt Hastings
MARA CORDAY: Stephanie Clayton
LEO G. CARROLL: Gerard Deemer
NÉSTOR PAIVA: Jack Andrews
CLINT EASTWOOD: piloto de avión

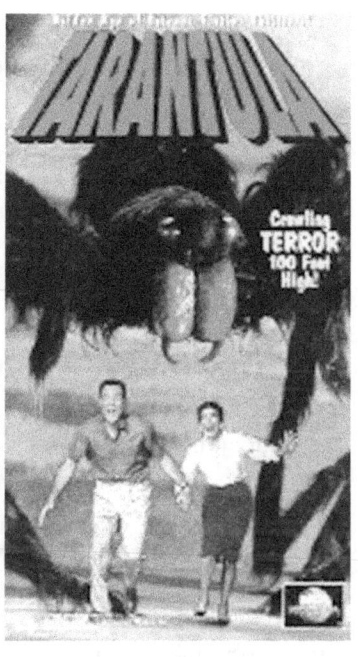

Un científico intenta evitar el hambre en el mundo, para lo cual desarrolla una fórmula para acelerar el crecimiento de los animales, tal y como antes describiera H. G. Wells en la novela "El alimento de los dioses". El producto realmente provoca acromegalia en los humanos en pocos días, lo que ocasiona un serio desequilibrio mental en la víctima, en este caso a uno de los ayudantes del laboratorio, quien ataca al doctor y destruye el recinto, ocasionando la fuga de una tarántula gigante en la cual se había usado la droga.

Jack Arnold pertenece a esa serie de grandes cineastas que con poco dinero, gran imaginación y mucha maestría, consiguieron dejarnos legendarias obras consideradas de serie B, tales como *El increíble hombre menguante* (1957), *La mujer y el monstruo* (1954) y la secuela *Revenge of the Creature* (1954), así como otras no menos importantes, como *It Came from Outer Space* (1953) y *This Island Earth* (1955).

La mayoría de sus obras ni siquiera llegaron a España, y mucho me temo que algunas no podremos verlas en DVD, aunque ya están a la venta en la zona 1. *Tarántula* es una de ellas, rodada en pleno desierto en solamente diez días, aportando una historia sencilla con mucha intriga y pocos efectos especiales, pues suponían un coste añadido que no estaba disponible.

LA MOSCA
The fly (1958)

Director: Kurt Neumann
Guión: James Clavell
Basada en la historia de: George Langelaan
Efectos especiales: L.B. Abbott

Intérpretes:
VINCENT PRICE: Francois
PATRICIA OWENS: Helene
HERBERT MARSHALL: Inspector Charas

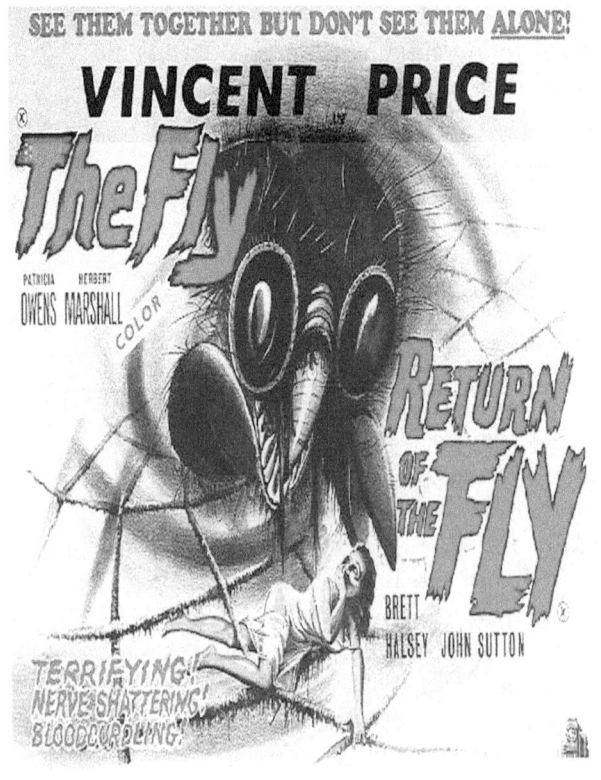

Basada en una historia corta de George Lan-gelaan, esta película de un intenso fondo trági-co, parte de una idea argumental posible-mente ab-surda, cómica, pues parece poco adecuado mezclar a una per-sona con una mosca y luego reducirle de tamaño. Y es que cuando los científi-cos juegan con áto-mos y ADN todo es posible, aunque en este caso el experi-mento es solamente un azar del destino, algo que se hubiera podido evitar simplemente teniendo a mano un spray antiinsectos. La guapa protagonista quería mucho a su novio, y hasta le daba besos en secreto, pero desde que percibió la transformación decidió dedicarse a gritar de terror cada vez que le veía, así evitaba males mayores.

Aunque en su momento el filme no generó un interés especial, el tiempo la ha convertido en uno de los grandes mitos del cine de terror, pues a pesar de no contar con un presupuesto ni siquiera digno, es un film absolutamente genial. Llega un momento, al final de la película, en que el espectador siente verdadera angustia por el hombre mosca, a punto de ser devorado por la araña. El final está resuelto con mucho acierto y fue tan rápido que el espectador no se dio cuenta de ello hasta que no aparecía la palabra fin.

Aunque el actor Vincent Price no estaba en su mejor momento, su presencia siempre se agradece, consiguiendo secundar adecuadamente las tribulaciones que sufre ese hombremosca.

El remake de 1959, *El regreso de la mosca*, no consiguió mejorar los resultados anteriores.

THE BLOB
La masa (1958)

Director: Irwin S. Yeaworth Jr.
Efectos especiales: Barton Sloane.
Argumento: Irving H. Millgate

Intérpretes:
STEVE McQUEEN: Steve Andrews
ANETA CORSEAUT: Judy

Desde que este filme se estrenó los espectadores decidieron dejar de acudir a las salas cinematográficas, no tanto por la mala calidad de las películas, como por el miedo a que, justo por la ventanilla del proyector, saliera esa enorme masa gelatinosa que todo lo devora. Hasta entonces, las salas de cine habían quedado

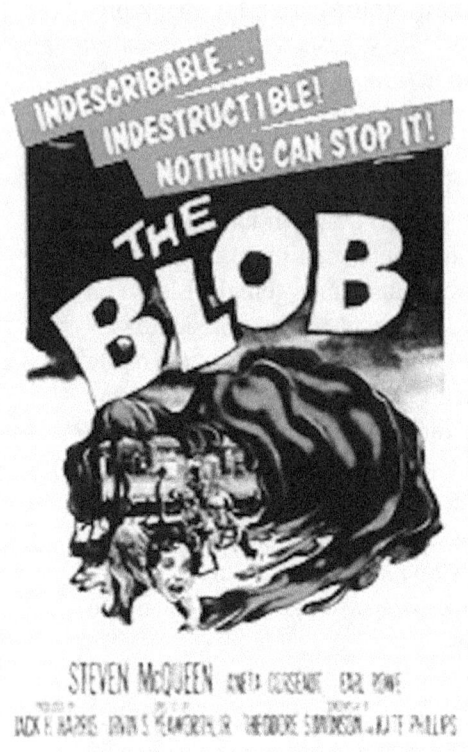

a salvo de los ataques de monstruos y depredadores, pero desde que ese meteoro espacial llegó con su extraño protoplasma, las cosas cambiaron y ya nadie se sentía seguro. Pero esta muestra fidedigna de cine B (apto para las sesiones matinales de los domingos) tenía unos efectos especiales poco afortunados, obra de Barton Sloane, y unos diálogos que merecerían una reprimenda, por lo que solamente con una mente benevolente conseguimos visionar esta película cuando salió al mercado del vídeo. Recomendada encarecidamente a los fans del extraordinario Steve McQueen, no por su buena interpretación (realmente es bastante mediocre), sino por la curiosidad de ver su debut cinematográfico al encarnar a Steve Andrews.

En el año 1972 se hizo una secuela ("Beware! The blob") pero que pasó desapercibida, y otra en 1988 (El terror no tiene forma) que, desdichadamente, pues se trataba de una película correcta, tuvo la misma suerte. Y es que el inquietante argumento ha sido motivo de revisión por cineastas inteligentes, en un intento de mantener en vilo al espectador con esta especie vegetal que llega a la Tierra y allí aumenta de tamaño gracias a todo lo que come. Invade así las cloacas, las cañerías del agua y pone su cuartel general en un cine con el propósito de comerse a todos los espectadores de golpe.

LA COSA
The Thing (1982)

Director: John Carpenter
Efectos especiales: Rob Bottin

Interpretes:
KURT RUSSELL
RICHARD DYSART
A. WILFORD BIRMLEY

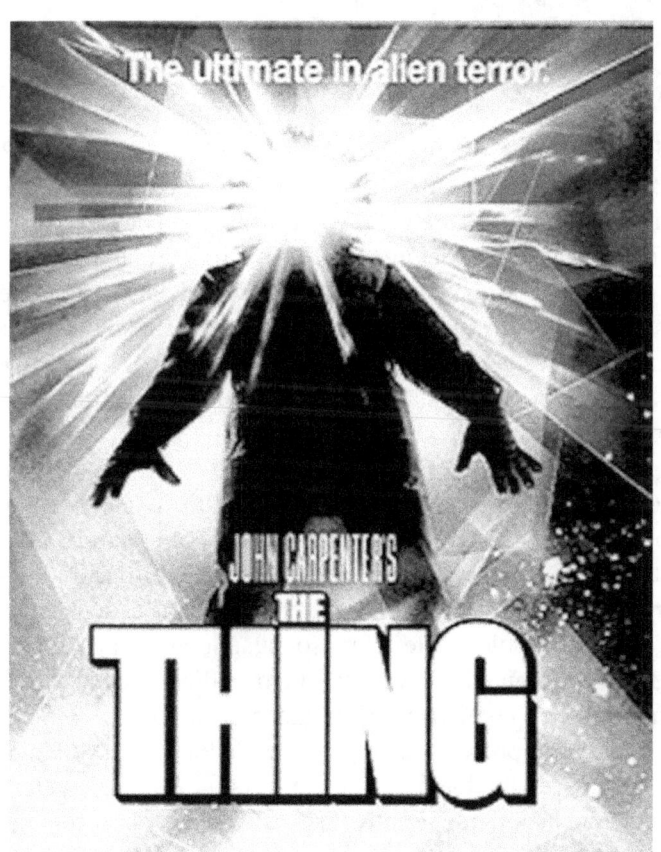

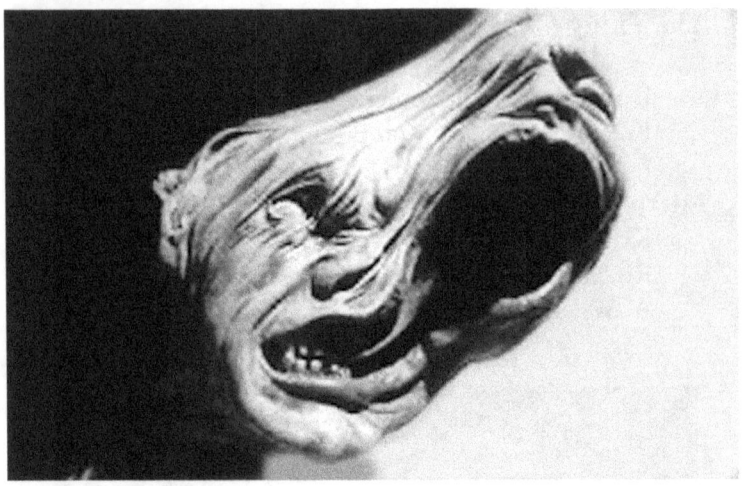

Procedente de un platillo volante que se estrella en el Polo Norte, un alienígena que tiene la propiedad de poderse incorporar a cualquier forma de vida, va destruyendo poco a poco a los habitantes de una estación polar. La facilidad que este extraño ser posee para pasar de un cuerpo a otro, adueñarse totalmente de su cerebro y hasta de imitar cualquier apariencia viva, se convierte en una espantosa pesadilla para los humanos, los cuales no saben nunca si la persona que tienen delante es un compañero o el extraterrestre.

En 1951 Howard Hawks nos sorprendió con una obra de impecable realización titulada *El enigma de otro mundo*, realizada con pocos medios, pues empleó solamente decorados que representaban perfectamente el ambiente frío y angustioso de una base en el Polo Norte. Por eso, cuando ahora nos encontramos con un remake que está tan bien realizado como éste, las comparaciones comienzan a ser tan odiosas que mejor no las hacemos. Muy probablemente, el espectador que haya tenido la fortuna de ver también la primera versión habrá llegado a la misma conclusión que nosotros: se trata de dos obras totalmente diferentes e igualmente geniales. Esta segunda versión aporta también unos efectos especiales notables (a la anterior no le eran necesarios), unas escenas de terror más abundantes y una interpretación a su altura. Se incluyen algunas secuencias de *El enigma de otro mundo* como parte de la película, lo que quizá es un homenaje del director a la primera versión.

DUNE
(1984)

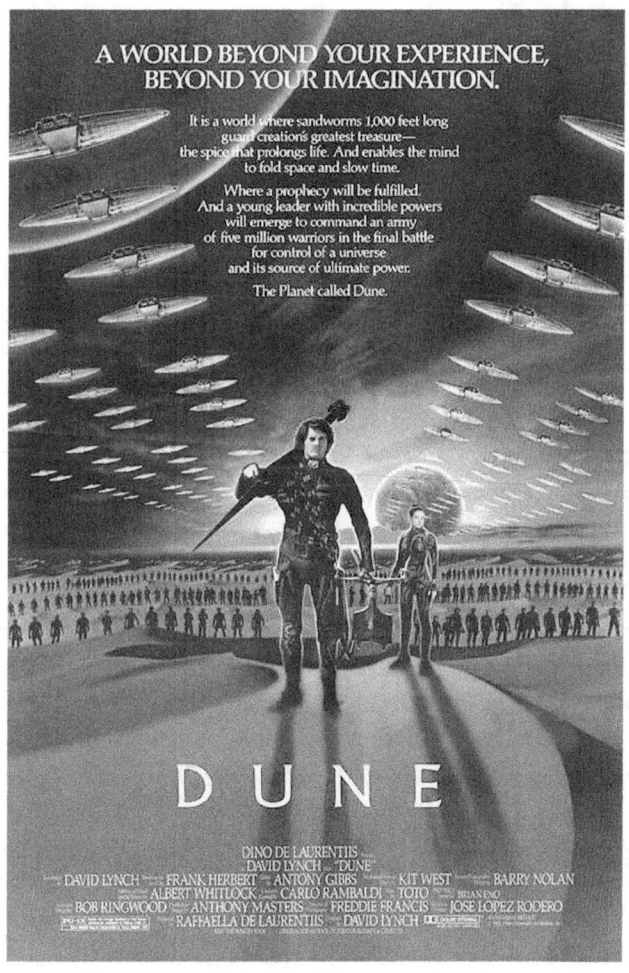

Director: David Lynch
Productor: Rafaella De Laurentiis
Argumento: Frank Herbert
Maquetas: Emilio Ruiz
Efectos especiales: Barry Nolan y Kit West.
Criaturas: Carlo Rambaldi

Intérpretes:
KYLE MAcLACHLAN: Paul
STING: Feyd
SEAN YOUNG
MAX VON SYDOW
JOSÉ FERRER: Emperador Shaddam IV
SILVANA MANGANO: Madre Ramallo

Sobrevalorado filme que intenta condensar el complicado argumento de la novela de F. Herbert, algo que resulta una imposible misión. El espectador asiste asombrado ante el despliegue de medios técnicos, pero sin lograr entender con certeza lo que se le está contando. Filmada en los exteriores de México y con la ayuda del creador de *King Kong*, nos sumergimos en un universo mezcla de violencia, gusanos del desierto y personajes repugnantes.

La historia se desarrolla en Dune, un planeta desierto que, sin embargo, posee una forma de riqueza de incalculable valor, aunque está en manos de un dictador malvado. Afortunadamente, los habitantes de ese desierto se sublevan y con la ayuda de Paul hacen frente al tirano, utilizando para ello a los gigantescos gusanos del desierto que logran abrir una brecha en la fortaleza enemiga.

Esta película fue tremendamente conflictiva desde sus comienzos y sabemos ahora que se había contratado al mismísimo Salvador Dalí para que elaborase los decorados futuristas, aunque al final será el dibujante Mosbius quien los realice. También se había contado con la participación de Orson Welles, Alain Delon, Mick Jagger y Gloria Swanson, siendo el director elegido Ridley Scott. Como es sabido, nada de esto llegó a buen fin y la película tuvo un presupuesto desorbitado, especialmente por los 20.000 extras que tuvieron que contratar, los 50 actores y los 700 técnicos. Además, el director David Lynch no pudo intervenir en el montaje final y la confusión del argumento es total.

LA MOSCA 2
The fly 2 (1986)

Director: David Cronenberg
Productor: Stuart Cornfeld
Guión: Charles Pogue, David Cronenberg
Basada en una historia de: George Langelaan

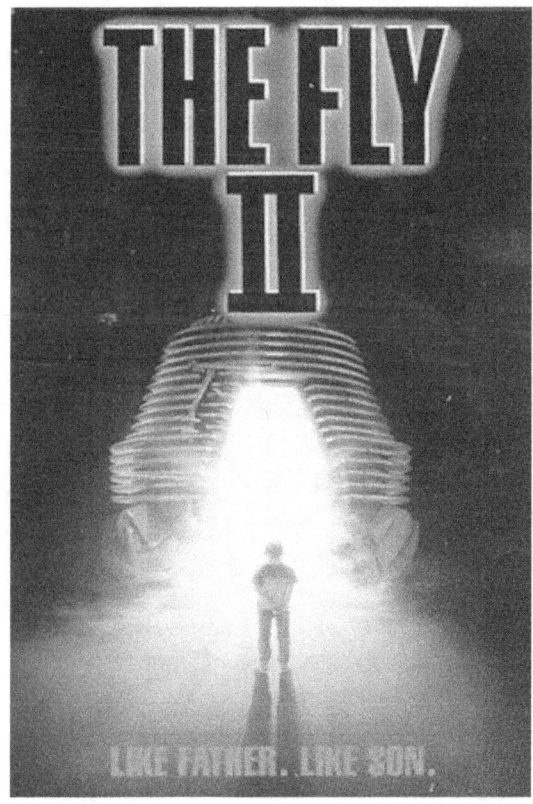

Intérpretes:
JEFF GOLDBLUM: Seth Brundle
GEENA DAVIS: Verónica Quaife
JOHN GETZ: Stathis

Nueva versión de la popular película de los años 50, esta vez con más medios económicos y mejores efectos especiales. El resultado es francamente bueno y aunque diametralmente opuesta a la primitiva, posee indudables méritos artísticos. Curiosamente, el actor Jeff Goldblum llega a encajar en su papel de hombremosca, trabajo que, en principio, no parecía nada apropiado para él.

El argumento vuelve a contarnos los intentos de un científico por lograr la transmutación de la materia, o sea, conseguir que un cuerpo pase de un lugar a otro mediante una complicada alteración molecular. En el proceso, justo cuando nuestro protagonista decide realizar él mismo la experiencia, una mosca se introduce en la máquina y se produce una simbiosis entre ambos nada agradable.

Hubo un remake, de olvidable recuerdo; por lo que si tienen palomitas y un grato acompañante, les recomendamos que se dediquen a ambos.

LA GUARIDA DEL GUSANO BLANCO
The lair of the white Worm (1988)

Director: Ken Russell
Argumento: Bram Stoker

Intérpretes:
AMANDA DONOHOE: Lady Sylvia
CATHERINE OXENBERG: Trent
HUGH GRANT: James
SAMMI DAVIS JR.: Mary

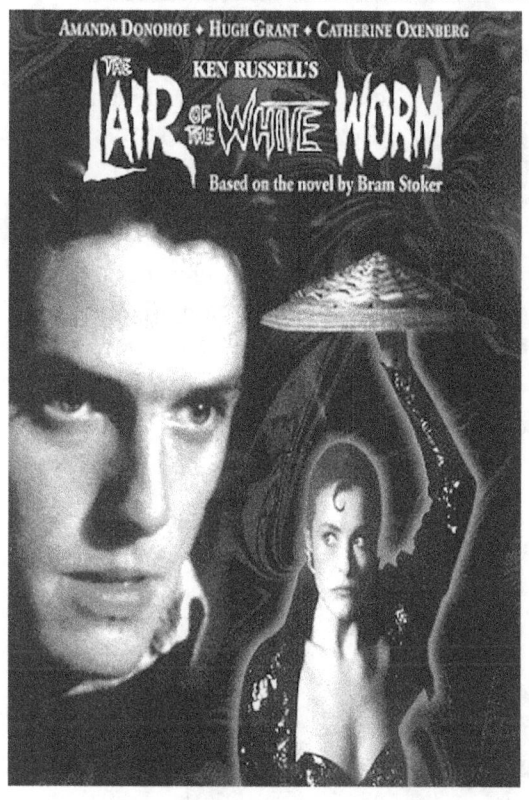

Interesante aunque casi desconocida película gótica de Ken Russell, en la cual nos narra los peligros que acompañan al descubrimiento de una calavera enterrada en un mosaico antiguo, la cual es ansiada por el peligroso gusano de D'Ampton con forma humana. Como siempre, los inocentes jovencitos que acuden a esa mansión de imponente aspecto pero maliciosa en su contenido, no saben qué les espera, mucho menos que allí habita el mismísimo demonio en forma de una bella mujer que muestra su epidermis a los asombrados varones. De inclinaciones lésbicas, esta hembra mezcla de vampiro, animal mitológico y sensual exhibicionista, consigue poco a poco que sus víctimas se aproximen a ella. El apoteósico final nos muestra a ese gusano gigante, tan grande que parece estar en comunicación directa con los infiernos, y tan malvado como el mismísimo diablo, demostrando un gusto desmesurado por la carne de chicas guapas.

Las abundantes dosis de erotismo, la belleza de su protagonista femenina (pródiga en desnudos) y algunos buenos efectos especiales al final, proporcionan en conjunto una aceptable película tratada en el momento de su estreno con indiferencia. Ahora

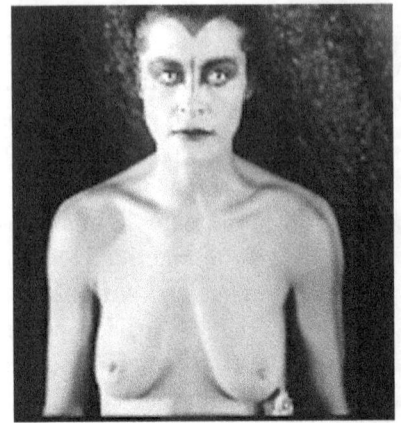

le recomendamos como una obra de interés especial por proceder de una novela de Bram Stoker (creador de Drácula) y estar dirigida por el inteligente Ken Russell, además de contar con una meritoria interpretación del por entonces desconocido Hugh Grant.

TEMBLORES
Tremors (1990)

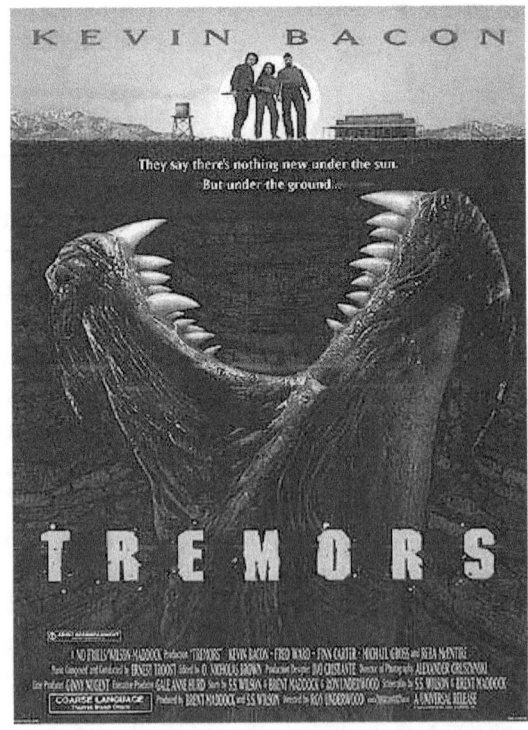

Director: Ron Underwood
Guión: S.S. Wilson, Bret maddock

Intérpretes:
KEVIN BACON: Valentine McKee
FRED WARD: Earl Bassett
FINN CARTER: Rhonda Lebeck
MICHAEL GROSS: Buck Gummer

Desde que hace años alguien nos mostró a unos enormes gusanos del desierto corriendo debajo de la tierra, nadie había considerado que se trataba de unos monstruos dignos de relanzar. Estos animales son tan grandes que pueden destruir hasta enormes tractores y, en ocasiones, hasta permiten que los humanos viajes sobre sus largas espaldas. Sin embargo, en esta ocasión son solamente depredadores muy sensibles a los ruidos, por eso hasta pueden detectar las pisadas de las personas y animales. Cuando ello ocurre, la desgracia se ceba en el infeliz que está caminando tranquilamente, pues a ver quién se puede imaginar que exista un enorme gusano a poco menos de dos metros bajo tierra, y además con hambre.

El autor de esta interesante historia es Frank Herbert, quien murió antes de ver plasmada su idea en el cine, y quien muy posiblemente se sintió inspirado en *Dune* o *La guarida del gusano blanco*. Da igual, pues la idea es genial y la película magnífica, aunque en un principio tuvo problemas para su distribución a causa del recelo de las salas de cine, por lo que fue estrenada en plena temporada de verano.

Los actores están todos pletóricos intentando matar a esas bestias que pueden aparecer incluso en el cuarto de baño, pero que afortunadamente son sensibles a las balas aptas para matar elefantes y a las grandes palas de las escavadoras.
Hubo tres secuelas más.

LOS LANGOLIERS
(1995)

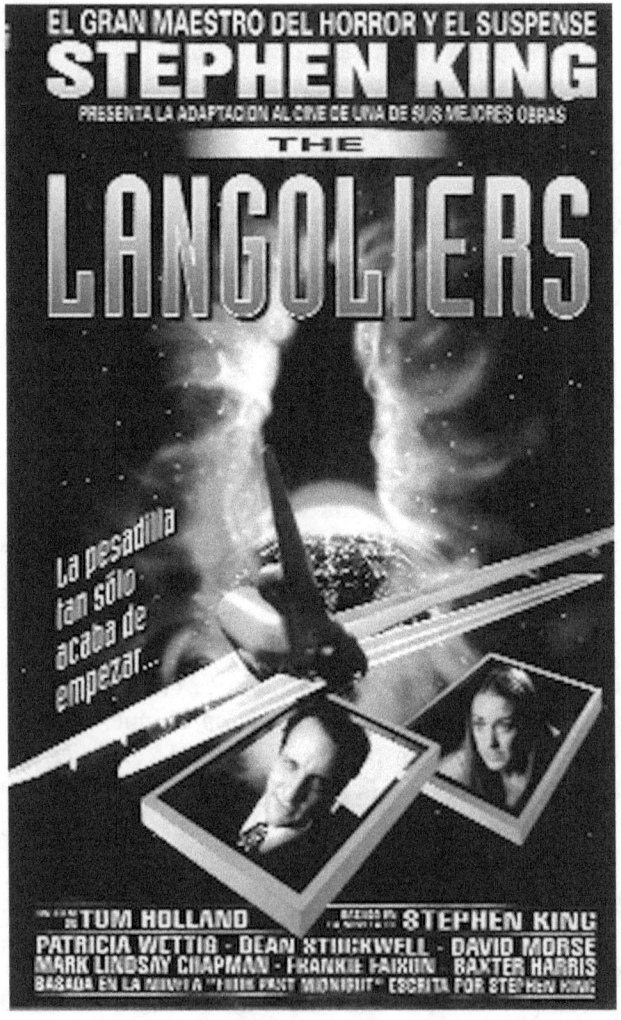

Basada en la novela: Four Past Midnight
  Guión: Stephen King
  Director: Tom Holland

Intérpretes:
PATRICIA WETTIG
DEAN STOCKWELL
DAVID MORSE
MARK LINDSAY

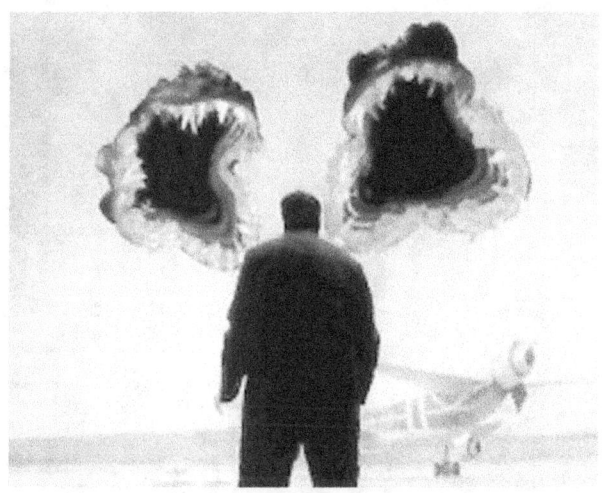

Adaptación para la televisión de una de las mejores novelas de Stephen King, que tuvo posteriormente una buena acogida en el mercado del vídeo. La historia nos habla de un vuelo nocturno desde Los Ángeles a Boston, durante el cual diez de sus pasajeros se quedan dormidos nada más despegar. Eso les salva de morir a causa de un salto en el espacio, pero cuando despiertan descubren que son los únicos pasajeros a bordo, no existiendo ni siquiera los pilotos. Afortunadamente uno de los supervivientes sabe pilotar el avión y pone rumbo a tierra, aunque lo que ven abajo no les gusta: no hay nadie, está todo desierto y han desaparecido las carreteras y los edificios. Por fin encuentran un aeropuerto, pero sus miedos y desdichas no acaban nada más que comenzar, pues los Langoliers, unos terribles monstruos que todo lo devoran, empiezan a comerse todo y ellos son las próximas víctimas.

MIMIC
(1997)

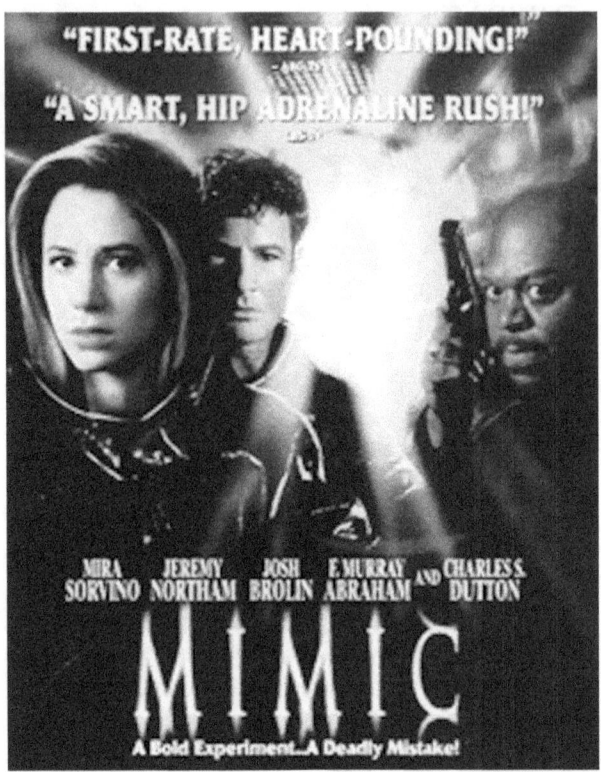

Director: Guillermo del Toro
Guión: Donald A. Wolheim, Matthew Robbins

Intérpretes:
MIRA SORVINO: Susan
JEREMY MORTHAM: peter
ALEXANDER GOOWIN: Chuy

Nadie sabe qué hacía Mira Sorvino, la gran promesa del cine mundial desde que intervino en la película de Woody Allen

"Poderosa afrodita", en esta flojísima cinta de terror. Posiblemente algunos aciertos anteriores del director Del Toro, como "Cronos", le indujeron a creer que se trataba de un filme a la altura de "Alien", pero ciertamente no ha sido así.

La historia desarrollada en un ambiente sumamente oscuro es una mezcla de horror y fantasía, casi una alegoría de La Bella y la Bestia, aunque ahora resulta difícil emparejar a la delicada Sorvino con alguna de esas cucarachas gigantes que habitan los túneles del metro en la zona baja de Manhattan. La cuestión es que esos insectos han sido manipulados genéticamente y ahora se comportan con agresividad y con modos similares a un ave rapaz, por lo que resultan tan repulsivos que es imposible tenerles cariño.

El espectador seguramente se encontrará con dos tipos de película: los primeros treinta minutos son buenos y hasta predisponen a entender eso de la manipulación del ADN "con fines científicos"; pero la segunda parte, justo cuando aparecen esos pestilentes seres, todo se viene abajo y solamente vemos a grandes engendros comiéndose a las pobrecitas personas. Además, es difícil encajar que sean inteligentes y tan varoniles, capaces de moverse sin problemas entre las sombras y de engañar a los sesudos investigadores que les crearon. Por eso, cuando a una matanza sigue otra y otra, degenera en una de esas películas gore en las cuales lo importante es la cantidad de sangre, no la calidad del donante involuntario. Bueno, al menos no nos matan a Mira Sorvino y la hemos podido ver en otras películas más interesantes.

PITCH BLACK
(2000)

Basada en la historia de: Jim y Ken Wheat
Director: David N. Twohy

185

Intérpretes:
RADHA MITCHELL: Fry
VIN DIESEL: Riddick
COLE HAUSER: Johns

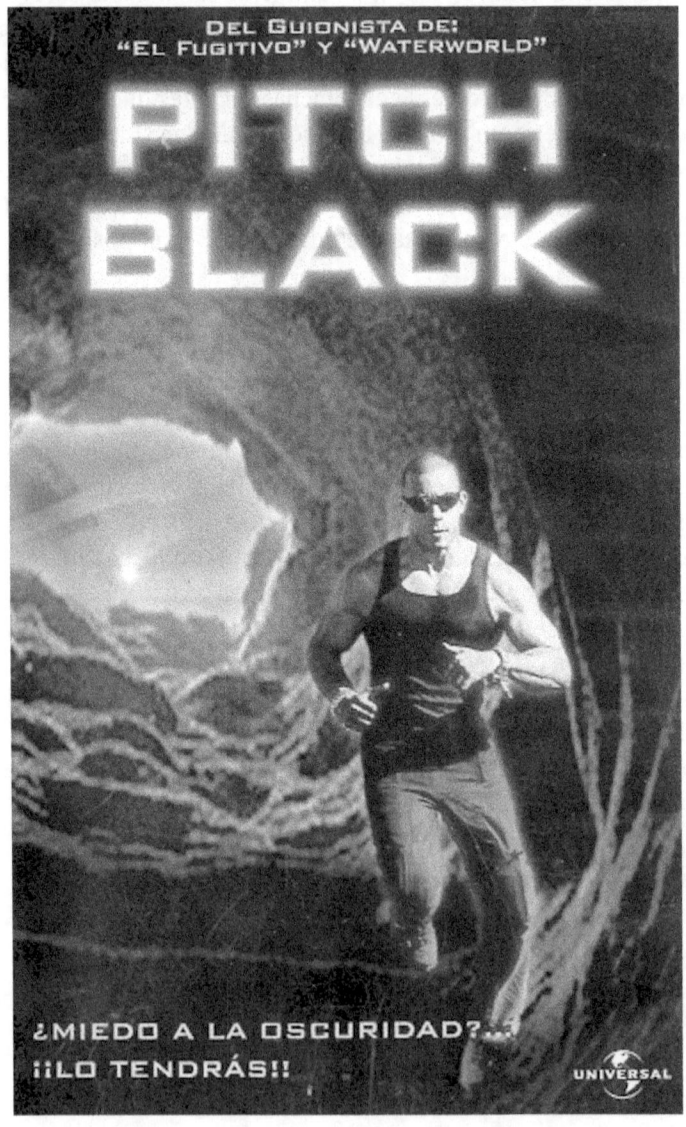

En esta película de miedo y ciencia-ficción, una nave espacial denominada Hunter-Gratzner transporta a un grupo dispar de personas a un lejano fortín llamado Nuevo Mecca. Una avería mecánica causa la caída brusca de la nave en un planeta abandonado que tiene tres soles y no existe la noche. El único miembro de la tripulación que sobrevive es el piloto Carolyn Fry (Radha Mitchell), mientras que los pasajeros sobrevivientes son el policía Johns (Cole Hauser) y el prisionero Riddick que están transportando (Vin Diesel).

Cuando todos los sobrevivientes cruzan el desierto encuentran un lugar abandonado que inspeccionan superficialmente, mientras intentan decidir qué hacer luego. Uno de ellos es destrozado por una criatura mutante que vive en una mina abandonada, comprobando luego con horror que se trata de mutantes hambrientos y sanguinarios que habitan en el subsuelo y que han matado a todos los habitantes anteriores del planeta. Estos seres no pueden resistir la luz del sol, pero la investigación revela que el planeta tiene un eclipse total cada 22 años, y el último puede llegar en cualquier momento.

Película sorpresa que tuvo posteriormente una precuela denominada "Las crónicas de Riddick" de olvidable recuerdo, y que sirvieron ambas para la consolidación de ese nuevo fornido que es Vin Diesel, no excesivamente buen actor, pero soberbio pegando puñetazos. El filme es una buena muestra del cine de terror, con escenas especialmente impactantes desarrolladas bajo las tenues luces de unas antorchas que pugnan por apagarse prematuramente, justo cuando los monstruos están ya a menos de un metro.

ARACHNIC
(2001)

Director: Jack Sholder
Fotografía: Carlos González
Guión: Marc Sevi

187

Intérpretes:
NEUS ASENSI: Susana Gabriel
PEPE SANCHO: Dr. León
CHRIS POTTER: Valentine
ALEX REID: Mercer
RAVIL ISYANOV: Capri

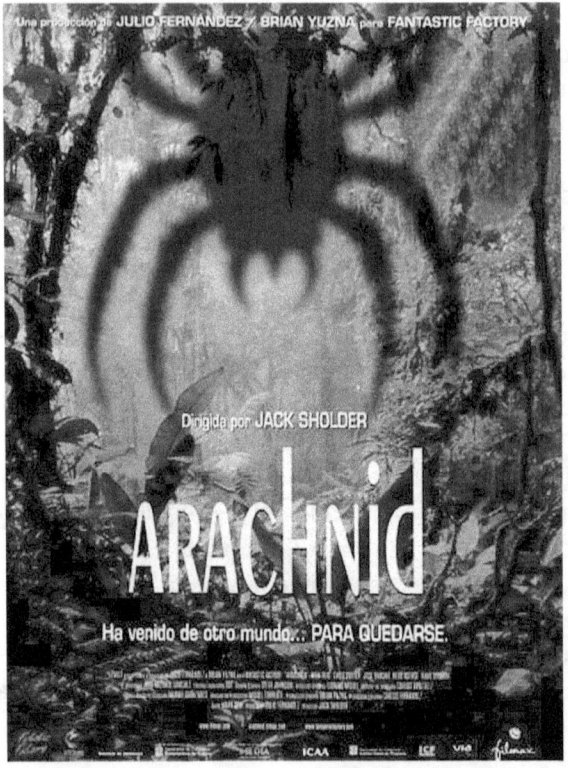

Cuando las criaturas gigantes atacan a los espectadores lo mejor es estar acompañado, aunque en ocasiones todo es tan predecible que simplemente basta con dedicarnos a comer palomitas. Este es el caso de esta producción española de Jack Sholder, sencilla, pero con algunas escenas eficaces. El argumento nos habla de Valentine (Chris Potter), un ex-militar que dirige una expedición médica en una isla solitaria en busca de ciertas arañas que han sido modificadas genéticamente.

Como cinta de terror ya hemos dicho que es demasiado predecible, pero hay que reconocer que algunos personajes son cuando menos simpáticos, especialmente cuando nos demuestran que para pelear con arañas gigantes son unos auténticos ineptos. Y si estas arañas creadas digitalmente son tan fugaces que nos indican sin lugar a dudas que el presupuesto era paupérrimo, terminan por no aterrorizar a nadie, por lo que consideramos a los personajes como decididamente estúpidos.

La isla tampoco ofrece aspecto de lugar peligroso, y los actores tampoco chillan adecuadamente (lo que parece algo difícil de conseguir), dejando todo en manos de un director voluntarioso encadenado por un presupuesto raquítico y unos actores que debieron estar mal pagados. Así que tenemos como auténtica atracción a esa araña gigante, pero como aparece a partir de la mitad de la película tampoco nos predispone al asombro. En resumen, se la podemos recomendar para ver en DVD, más que nada para compararla con otras películas similares como *La humanidad en peligro* o *Arack Attack.*

ARACK ATTACK
Eight Legged Freaks (2002)

Dirección: Ellory Elkayern

Intérpretes:
DAVID ARQUETTE
KARI WUHRER
SCOTT TERRA
SCARLETT JOHANSSON
DOUG E. DOUG

De vez en cuando la temporada cinematográfica veraniega nos aporta alguna agradable sorpresa, como es el caso de este filme producido por Roland Emmerich y Dean Devlin, quienes

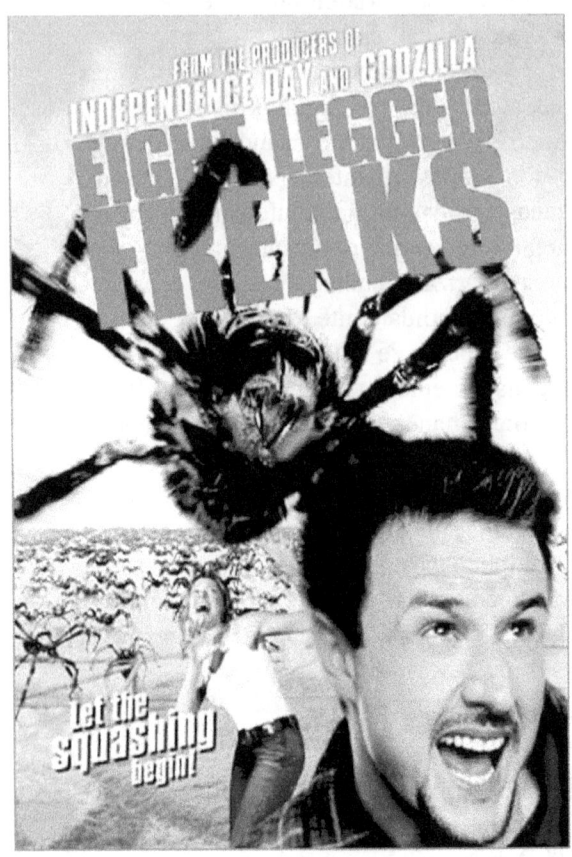

han realizado películas como "Stargate", "Independence Day" y "Godzilla". Realizada al más puro estilo de las películas de serie B logra, no obstante, prender al espectador desde los primeros minutos, asegurándole así la adecuada dosis de terror e inquietud.

Las arañas son muy grandes, tanto que hasta se comen a una persona de un solo mordisco, y además, son saltarinas, por lo que es inútil correr para librarse de ellas. Diversión asegurada y abundancia de efectos especiales digitales, no demasiado correctos, pero suficientemente explícitos.

SISTEMA DYNAMATION

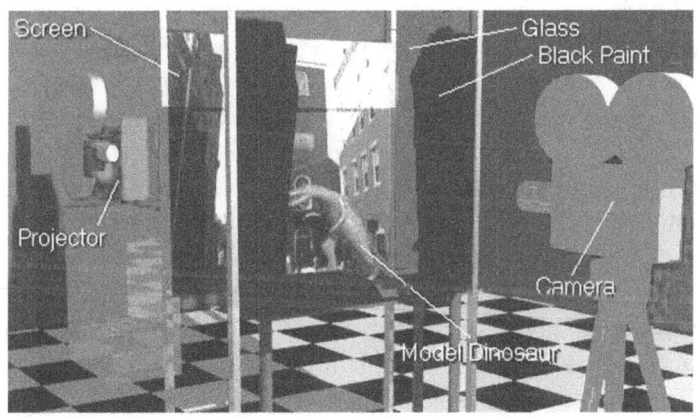

Ray Harryhausen fue uno de los grandes artistas del siglo XX en la animación cinematográfica, y junto con Willis O'Brien, Jim Danforth y David Allen son los responsables de *King Kong, El gran gorila, El Viaje Dorado de Simbad, Jason y los Argonautas,* y muchas otras. Las criaturas increíbles mostradas en estos filmes de dinosaurios han tardado muchos años en poder ser superadas, lo mismo que las peleas con espada contra los esqueletos.

Inicialmente consiguió dar vida a estas criaturas fantásticas mediante una técnica llamada stop-motion. Básicamente, se fabricaba un modelo a escala de la criatura, con los miembros y las articulaciones movibles, y se fotografiaba con una cámara mientras en el fondo se desarrollaba una escena complementaria. Cambiando los fondos se conseguía un efecto añadido, pues los muñecos y maquetas podían moverse de un lado a otro, como personajes reales, e incluso unirlos a los humanos.

Pero a pesar del éxito en las primeras películas como *King Kong*, la técnica tenía sus debilidades. Los muñecos en miniatura eran caros de construir, muy frágiles y resultaba muy difícil combinar la acción viva en el mismo fondo, pues había que detener el movimiento continuamente. Mientras trabajaba en la película de bajo presupuesto *El monstruo de tiempos remotos*, Harryhausen propuso una técnica que él denominó como dynamation, que conseguía unir los dos procesos.

La técnica usaba una pantalla trasera, con la cámara oculta, y que mostraba escenas igualmente trucadas. Por ejemplo, un documental mostraba a un ciclista que pedalea por los cielos de París. El fotógrafo la había filmado cubriendo la mitad inferior de la lente de la cámara con cinta negra, mientras filmaba al ciclista en la parte superior. La máscara fue invertida posteriormente y la película se rebobinó dentro de la cámara. La película fue de nuevo expuesta, ahora fotografiando París a través de la otra mitad de la lente. Cuando la película fue revelada, el jinete parecía estar navegando por las nubes de París. El sistema dynamation de Harryhausen usaba la misma idea básica con algunas diferencias adicionales.

El primer paso en el dynamation era filmar la imagen del fondo. Como ejemplo, digamos que la escena era mostrar un dinosaurio en una gran ciudad que surge de la parte posterior de un edificio en una intersección. Las personas están corriendo calle abajo huyendo de la criatura hacia la cámara, tal y como vimos en *El monstruo de tiempos remotos*.

La cámara se ponía en una calle real y los actores se filmarían corriendo hacia la cámara. Después, la cámara se cierra, mientras se filma otra película con el fondo, siempre desde el mismo sitio. Esta nueva película se revela entonces y se proyecta en una pantalla en el estudio. El proyector muestra la primera escena en una pantalla trasera, un trozo delgado de plástico estirado herméticamente en un marco. Al contrario que una pantalla normal, la imagen aparece frontal cuando es iluminada por un proyector trasero. Una cámara de cine está cargada con película y se mantiene delante de la pantalla que está retroproyectando la película. Esta cámara se usará para capturar la nueva acción.

Un trozo de cristal se pone entonces entre la cámara y la pantalla. El cristal se pinta con pintura negra para que las porciones de la imagen en la pantalla que muestran al dinosaurio (el primer plano) queden fuera de la visión de la cámara. En nuestro ejemplo éste sería el fondo de la pantalla y el dinosaurio saldría por el edificio trasero. Entre el cristal y la pantalla se sitúa una mesa en la cual está un dinosaurio en miniatura. La mesa también podría contener algo que el dinosaurio tiraría o aplastaría, digamos un poste de la luz, con lo cual se añadirían más elementos a la secuencia. El dinosaurio se posiciona cuidadosamente para que la perspectiva sea correcta, así como el tamaño y la posición de la imagen.

La película en el proyector filma solamente un fotograma cada vez. Con cada uno el dinosaurio se mueve para simular que sale de la parte de atrás del edificio. Cuando la posición del dinosaurio es correcta, la cámara captura un fotograma. La cámara registra la imagen del fondo en la mitad superior (o derecha) de la pantalla, con el dinosaurio delante. Después de que la escena entera se ha filmado, el retroproyector y la cámara se rebobinan hasta el principio. Ahora se quitan el dinosaurio y la mesa. La película se dispara de nuevo, ahora exponiendo la parte del primer plano de la imagen que antes no había sido expuesta. Cuando la película de la cámara se revela, se mostrará al dinosaurio apareciendo detrás del edificio. Esta escena, ensamblada con las anteriores cuando los actores corrían huyendo del presunto monstruo, dan sensación de continuidad y el espectador no intuye que todo forma parte de muchas escenas sueltas hábilmente enlazadas.

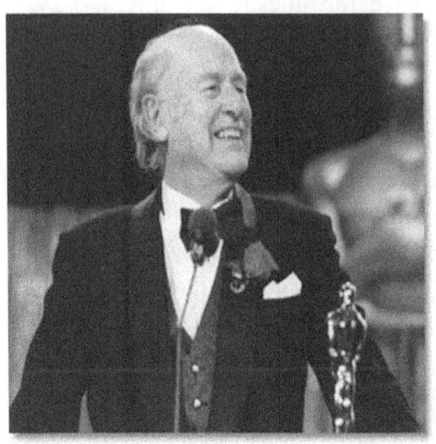

El uso del dynamation le permitió a Harryhausen conseguir disminuir los costes en los efectos especiales, pues en este caso solamente se necesitan un dinosaurio y una farola en miniatura. También se usó más tarde en películas para permitir la interacción entre los actores humanos y las criaturas animadas. Al animar los modelos delante de la pantalla que estaba mostrando a los actores humanos, era posible para Harryhausen sincronizar los movimientos de los modelos con la acción previamente filmada. Esto permitió las luchas de espada entre los humanos y esqueletos, donde cada uno podría parar y empujar convincentemente.

Pero aunque era eficaz, el dynamation tenía sus fallos. A menudo resultaba sumamente difícil emparejar las miniaturas con el material previamente filmado, pues había sensibles diferencias entre el brillo y el color. Además, los personajes humanos no podían pasar delante de los objetos en miniatura, sólo detrás de ellos, aunque este defecto fue subsanado con posterioridad.

He aquí una lista de las películas de Harryhausen en donde empleó el dynamation:

-**El monstruo de tiempos remotos** (The Beast from 20,000 Fathoms, 1953)
-It came from Beneath the Sea (1954)
-**La Tierra contra los platillos volantes** (Earth vs. the Flying Saucers, 1956)
-The Animal World (1956)
-20 Million Miles to Earth (1957)
-**Simbad y la princesa** (The 7th Voyage of Sinbad, 1958)
-**Los viajes de Gulliver** (The 3 Worlds of Gulliver, 1959)

194

-**La isla misteriosa** (Mysterious Island, 1961)
-**Jason y los Argonautas** (Jason and the Argonauts, 1963)
-**El primer hombre en la Luna** (First Men in the Moon, 1964)
-**Hace un millón de años** One Million Years B.C. (1967)
-The Valley of Gwangi (1969)
-The Golden Voyage of Sinbad (1974)
-**Simbad y el Ojo del Tigre** (Sinbad and the Eye of the Tiger, 1977)
-**Furia de Titanes** (Clash of the Titans, 1981)

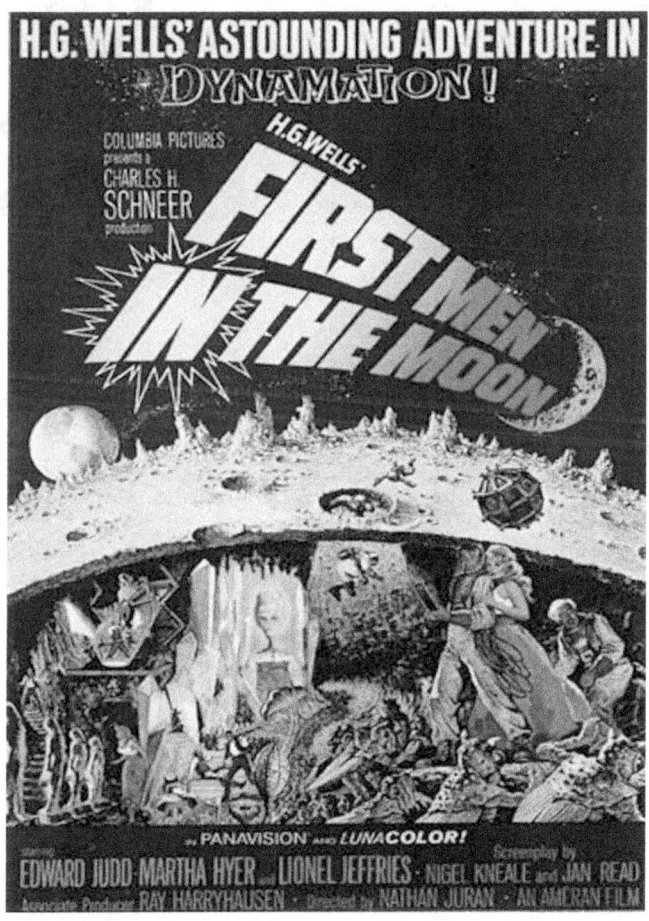

ANEXO

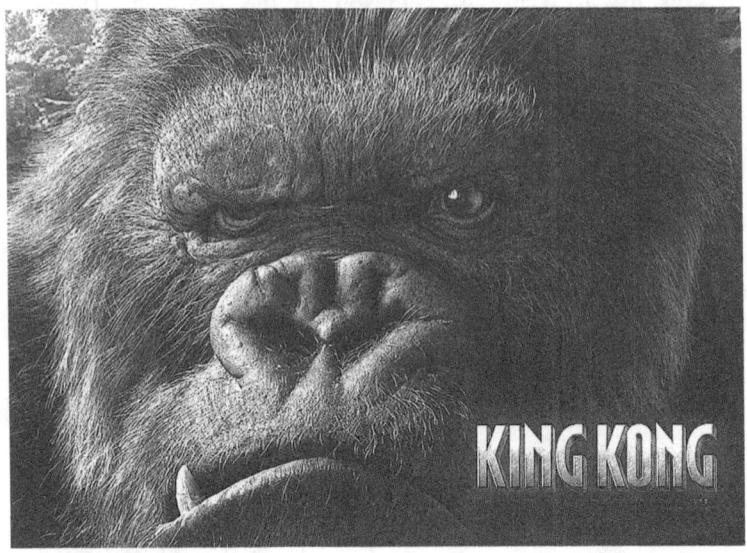

KING KONG
2005

Director: Peter Jackson
Historia de: Merian C. Cooper y Edgar Wallace

Intérpretes:
    NAOMI WATTS: Ann Darrow
    JACK BLACK: Carl Denham
    ADRIEN BRODY: Jack Driscoll
    ANDY SERKIS: King Kong

ÍNDICE

Presentación..7

Godzilla...9

King Kong..45

Animales prehistóricos..............................75

Cocodrilos, tiburones, serpientes.............117

Cíclopes..129

Dragones...147

Otros engendros.......................................159

Sistema dynamation.................................191

OTROS TÍTULOS RELACIONADOS

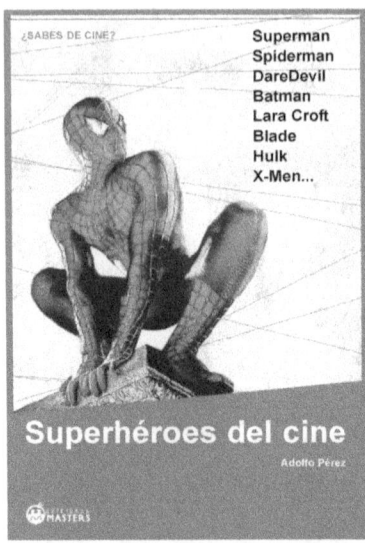

SUPERHÉROES DEL CINE

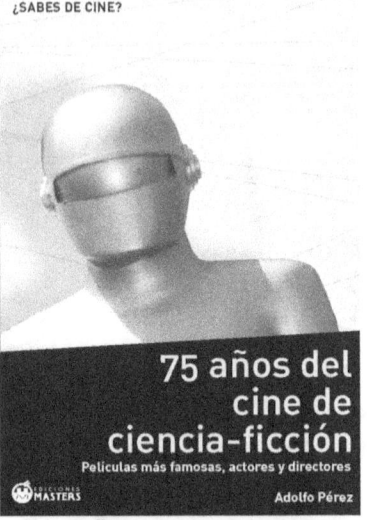

75 AÑOS DEL CINE DE CIENCIA-FICCIÓN

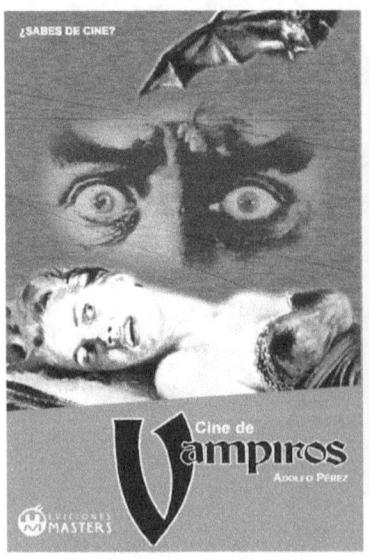

CINE DE VAMPIROS

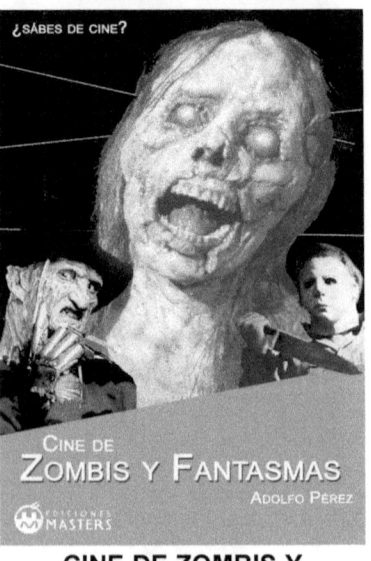

CINE DE ZOMBIS Y FANTASMAS

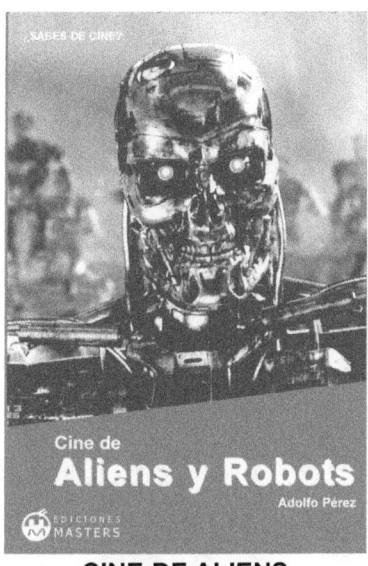

**CINE DE ALIENS
Y ROBOTS**

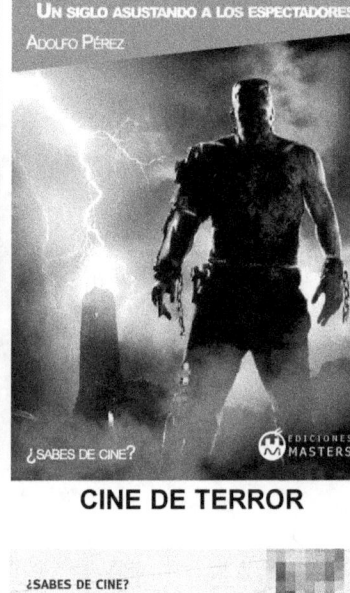

CINE DE TERROR

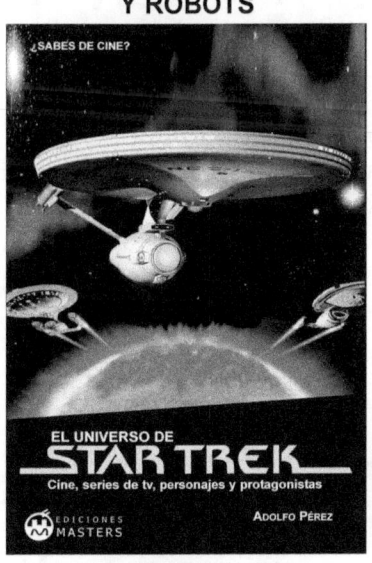

**EL UNIVERSO DE
STAR TREK**

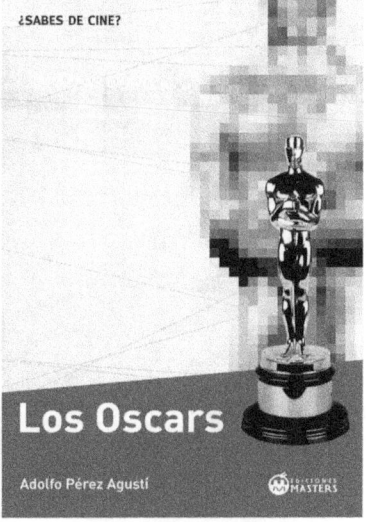

LOS OSCARS

www.ingramcontent.com/pod-product-compliance
Lightning Source LLC
Chambersburg PA
CBHW051459170526
45166CB00001B/313